COMPTE RENDU

DU

7ᵉ CONGRÈS DIOCÉSAIN

DE VANNES

COMPTE RENDU

DU

VIIᵉ CONGRÈS DIOCÉSAIN DE VANNES

La *Semaine religieuse*, les journaux de Paris, de la région et du département ont raconté à leurs lecteurs, dans le détail, comment furent remplies ces journées intéressantes. Nous reprenons ce récit, en donnant des rapports une analyse plus détaillée et de la discussion un résumé plus précis que ne le pouvaient faire, au cours des séances, les secrétaires du Congrès et les correspondants des journaux. Aux uns et aux autres nous devons l'expression de toute notre gratitude pour le soin intelligent et dévoué qu'ils ont apporté à faire connaître, au jour le jour, le résultat de nos délibérations et l'importance des manifestations du Congrès. Nous remercions également les distingués et éloquents conférenciers ou rapporteurs qui ont accepté, avec un dévouement qui nous a touché, la collaboration que nous leur avons demandée. Nous n'oublions pas, dans notre reconnaissance, notre rapporteur général, M. l'abbé Briel, qui a eu son succès habituel aux réunions générales du soir. A tous du reste, ainsi qu'aux organisateurs du Congrès, Monseigneur a tenu à dire publiquement l'expression de sa plus vive reconnaissance.

Le Congrès diocésain a eu son succès habituel. Il y avait lieu de craindre que les modifications apportées cette année à son programme n'en diminuassent le nombre des assistants. De fait on y a compté un peu moins d'ecclésiastiques aux séances d'études du vendredi et du samedi. Les obligations pastorales ont retenu dans leurs paroisses beaucoup de confrères. Mais le dimanche après-midi, à l'inoubliable manifestation de la Halle-aux-Grains, ils sont venus nombreux, entourés de l'élite de leurs paroissiens. Au total, le nombre des congressistes cette année a été le plus fort qu'on ait jamais vu.

La plupart des notabilités catholiques du diocèse ont pris part aux séances d'études du Congrès. La présence de nos sénateurs et de nos députés, dont plusieurs sont souvent intervenus dans la discussion, nous a été particulièrement agréable et réconfortante. On sentait chez tous le besoin d'une union de plus en plus intime et d'une activité qui ne voulait connaitre ni répit ni obstacles.

OUVERTURE DU CONGRÈS

Le Congrès s'est ouvert le mercredi 15 octobre, à 8 heures du soir, à la cathédrale, par le chant du *Veni Creator.*

M. l'abbé Nicol, professeur d'histoire au petit séminaire, est ensuite monté en chaire et a prononcé un éloquent discours dont l'objet était de montrer aux catholiques français du xx° siècle ce que les catholiques du xvi° avaient fait pour défendre et sauver leur foi.

La situation était alors plus critique qu'aujourd'hui. Les protestants formaient un État dans l'État. L'Union calviniste était savamment organisée. Elle avait sa caisse, son armée, ses places fortes, des chefs remarquables et sans scrupules. La monarchie française, trahissant sa mission, leur était favorable ; elle devint calviniste elle-même avec Henri de Navarre.

Comment la France est-elle restée catholique alors que tant d'autres nations, soumises à la même épreuve, abandonnaient la foi traditionnelle ? La France est restée catholique parce qu'elle l'a voulu ; parce que, en face du parti calviniste, le peuple de France a su organiser le parti catholique.

Le zèle de ce qu'il y a de meilleur dans le clergé régulier ou séculier s'applique d'abord à refaire une génération de catholiques convaincus, courageux et généreux.

Les violences protestantes, les avantages scandaleux que leur accorde le roi, la volonté arrêtée de ne jamais supporter qu'un prince protestant monte sur le trône, forcent les catholiques à s'unir.

Des Unions locales s'organisent partout. Elles se mettent en rapport pour concerter une action commune; elles forment bientôt une confédération qui embrasse la France tout entière et qu'on appelle la Sainte Union ou la *Ligue*: Union catholique contre Union calviniste. L'Union catholique a elle aussi sa caisse, son armée, ses chefs obéis de tous, son programme qui se résume en deux mots : la France restera catholique ; le roi de France sera catholique.

En 1592, les États catholiques de Bretagne tiennent leurs assises à Vannes. Avant l'ouverture de la session, l'assemblée se rend en procession solennelle à l'église cathédrale, et là, en présence de la foule gagnée depuis longtemps à la cause catholique, tous les députés, évêques, abbés, gentilshommes, bourgeois des villes, se lèvent d'un même élan et, la main étendue vers le très Saint-Sacrement exposé sur l'autel, jurent d'être fidèles au pacte de l'Union. « Nous jurons et promettons à Dieu, à la glorieuse Vierge Marie, aux saints et saintes du Paradis, de vivre et de mourir en la religion catholique, sous l'obéissance d'un roi catholique, et de ne jamais reconnaître pour roi un prince hérétique ou fauteur d'hérésie. »

Sauf d'inévitables exceptions, les ligueurs étaient les gens raisonnables, les hommes pieux, les patriotes. Celui qui chez nous incarne l'esprit de la Ligue, ce Jérôme d'Arradon dont une rue de Vannes porte le nom, n'était pas un fanatique, comme on s'est parfois plu à le dire, mais un convaincu, un catholique fervent, un soldat aussi pieux que vaillant, jeûnant trois fois par semaine, accomplissant de façon exemplaire tous ses devoirs de religion, ne faisant la guerre qu'au nom d'un principe supérieur et en vue d'un but élevé, pour sauver ses croyances et, comme il l'a écrit lui-même, « pour servir Dieu ».

Les ligueurs tinrent leurs engagements ; ils surent prier, souffrir, lutter, mourir pour le triomphe de leur foi. Paris surtout donna au monde entier un témoignage éclatant de son attachement à la religion catholique, en soutenant contre Henri de Navarre ce siège héroïque que les contemporains comparaient au siège de Jérusalem. Plus qu'aucun autre, ce peuple de Paris, « ces portefaix, manouvriers, goujats et femmelettes », comme disaient dédaigneusement les amis du Béarnais, décidèrent du sort de la France et du sort de la religion en France, car ce sont eux qui, par leur résistance invincible, forcèrent Henri IV à se faire catholique. En face d'un ennemi implacable et prêt à saisir la victoire, l'Union des catholiques français du XVIe siècle triompha en une heure désespérée.

L'Union des catholiques français au xxᵉ siècle peut et doit avoir le même succès. Pour cela il faut faire ce que firent nos pères : être des *catholiques, s'unir, agir.*

Monseigneur, après avoir remercié et félicité l'orateur, s'adresse à son tour à l'imposant auditoire qu'il a sous les yeux et l'invite à prendre part, par ses prières d'abord, et, pour ceux qui sont libres, par leur personne aux travaux du Congrès où vont, être débattus les intérêts qui leur sont les plus chers.

Première Journée

Jeudi 16 octobre

Cette première journée du Congrès est consacrée tout entière à l'étude des questions relatives à l'Enseignement primaire libre dans le diocèse.

Suivant une tradition aussi vieille que nos Congrès, la séance d'études est précédée d'une fête scolaire à la cathédrale. Dès 8 heures, la nef de la basilique est remplie par les enfants de nos écoles primaires libres, du collège Saint-François-Xavier, du petit et du grand séminaire.

A l'évangile de la messe dite aux intentions des maîtres vivants et défunts par M. le chanoine Le Priellec, sous-directeur de l'Enseignement, Monseigneur monte en chaire et rappelle à ces enfants et à ces jeunes gens qui l'écoutent avidement la grave *leçon de la reconnaissance.*

« La reconnaissance est la « mémoire du cœur ». Elle consiste à se rappeler les bienfaits reçus et à aimer ceux qui nous les ont procurés. Et le reproche le plus dur qu'on puisse adresser à un enfant, celui auquel il est certainement le plus sensible, c'est le reproche d'ingratitude. Le mot de reconnaissance se prend aussi dans un autre sens, très rapproché du premier. Dans le langage des affaires, la reconnaissance, c'est l'écrit par lequel on se reconnaît débiteur d'une dette. Quelle dette n'ont-ils pas contractée, les enfants des écoles, dette écrite dans leur cœur, devant Dieu; quelle dette n'ont-ils pas contractée envers leurs parents qui leur assurent une éducation chrétienne, envers leurs maîtres, envers les bienfaiteurs de l'école, envers tous ceux qui défendent la cause de l'enseignement libre !

Ils ne voudront pas être du nombre des oublieux ni du nombre des orgueilleux qui croient que « tout leur est dû ». Ils seront reconnaissants. Et comment se manifestera leur reconnaissance ? D'abord en sachant user du bienfait reçu : l'enfant qui ne profiterait pas de l'éducation qu'on lui donne ressemblerait au pauvre foulant aux pieds le pain qu'une main charitable lui a présenté ; ensuite par des marques extérieures de respect, et en ne tolérant pas qu'on dise devant eux du mal de leurs bienfaiteurs ; enfin en priant, en puisant à pleines mains dans le trésor de la miséricorde divine. Et ils prieront particulièrement pour un des bienfaiteurs insignes des écoles, M. le chanoine Fleury, qui déploya toujours un zèle si éclairé en faveur des écoles libres. »

Une quête est faite ensuite au profit des écoles du diocèse et, après la messe, le *Libera* est chanté pour le repos de l'âme du si regretté M. le chanoine Fleury.

A 9 h. 1/2, devant une salle comble où se pressent bon nombre d'instituteurs et d'institutrices libres. Monseigneur ouvre les séances d'études du Congrès par une courte allocution et donne aussitôt la parole à M. MARTIN D'AURAY, *secrétaire de la Commission de défense de l'Enseignement chrétien*, pour lire son rapport annuel sur la situation de l'Enseignement primaire libre en 1912-1913.

L'ENSEIGNEMENT PRIMAIRE LIBRE
DANS LE MORBIHAN EN 1912-1913

Analyse du rapport de M. MARTIN D'AURAY

ÉCOLES. — L'enseignement primaire libre du diocèse comptait 393 écoles en 1912-1913. En y ajoutant les 4 écoles nouvelles ouvertes en septembre 1913, nous avons un total de 397 écoles, qui se divisent ainsi :

Écoles maternelles	25
Écoles mixtes	20
Écoles primaires de garçons	129
Écoles primaires de filles	223

Sur ce chiffre :

L'arrondissement de Vannes   compte 116 écoles pour 146.000 hab.
    —   Lorient   —   121   —   214.000 hab.
    —   Pontivy   —   63   —   119.000 hab.
    —   Ploërmel   —   97   —   95.000 hab.

PERSONNEL. — Le personnel enseignant est de 821 maîtres et maîtresses, ainsi réparti :

Maîtres : 271.

Maîtresses : 544.

ÉLÈVES. — D'après le rapport officiel de M. l'Inspecteur d'Académie (septembre 1913), le chiffre des élèves fréquentant les écoles primaires dans le Morbihan en 1912-1913 était :

Enseignement public : 41.678.

Enseignement privé : 43.773.

D'après les statistiques de nos inspecteurs diocésains, ce dernier chiffre serait un peu inférieur à la réalité.

Ces élèves se répartiraient de la manière suivante :

	Enseignement public	Enseignement privé
Arrondissement de Vannes...	7.659	11.974
Arrondissement de Lorient. .	20.143	14.139
Arrondissement de Pontivy...	9.032	7 781
Arrondissement de Ploërmel..	4.844	9.879
	41.678	43.773

INSPECTION DES ÉCOLES. — Les inspecteurs diocésains ont visité, dans le cours de l'année scolaire, 139 écoles et ont donné les notes suivantes :

Très bien et bien : 42

Assez bien : 72.

Passable : 25.

Les inspecteurs expriment le vœu qu'une place plus importante soit donnée, dans nos écoles, à l'enseignement religieux, à celui de la langue française, de l'histoire et de la géographie, qu'on veille davantage à l'hygiène, à la propreté des élèves et des locaux scolaires.

EXAMENS DIOCÉSAINS. — 1° *Certificat d'études primaires libre.* — 993 élèves se sont présentés, 708 ont été reçus, dont 13 avec la mention très bien. C'est un progrès sérieux sur les années précédentes. Mais ce chiffre n'est pas encore en rapport avec celui de nos élèves. Il faudra le dépasser cette année. La Direction diocésaine songe aussi à organiser des examens de certificat supérieur.

2° *Certificat d'instruction religieuse.* 73 élèves se sont présentés au degré supérieur, 50 ont été reçus. 1833 se sont présentés au degré élémentaire, 1429 ont été admis, dont 58 avec mention très bien.

Recrutement et préparation des maitres. — La préparation au brevet élémentaire et aux fonctions pédagogiques se fait dans plusieurs écoles et pensionnats du diocèse et même dans certaines écoles étrangères au diocèse. Cette préparation coûte très cher. La Commission de défense a été obligée, cette année, de prendre une mesure très douloureuse. Elle a décidé de ne plus donner, jusqu'à nouvel ordre, des secours d'entretien et de construction et de conserver toutes ses disponibilités à la préparation du personnel enseignant. Elle fait appel à la charité des catholiques pour l'aider dans cette tâche dont nul ne peut contester la souveraine importance.

La rétribution scolaire. — La part de la charité sera toujours la plus forte dans le budget de nos écoles. Mais il ne convient pas qu'elle soit seule à en constituer l'actif. Les parents doivent contribuer, dans la mesure de leurs ressources, à l'éducation de leurs enfants par le moyen de la rétribution scolaire. Son emploi se généralise de plus en plus. Mais que partout elle soit sérieuse, c'est-à-dire en rapport avec les besoins de l'école et la fortune des familles.

Société de secours mutuels et de retraites. — A la dernière assemblée générale elle comptait 163 membres actifs. Les cotisations des membres actifs et honoraires atteignent, pour l'année, le chiffre de 2.169 fr. 10. Les dépenses en indemnités, frais de pharmacie et de médecine, etc. se montaient à 965 fr. 15. Le compte des livrets individuels de retraite était de 23.786 fr. La société est donc en pleine prospérité. Comment se fait-il qu'elle ne soit pas plus appréciée du corps enseignant et qu'il y ait un nombre si restreint de maîtres à en faire partie ?

Cours d'adultes. — Aux nombreux cours d'adultes organisés par les instituteurs publics et dont fait mention le rapport de M. l'Inspecteur d'académie, nous n'avons pas de statistiques à opposer. Il est probable que nos maîtres de l'enseignement libre en ouvrent beaucoup chaque année. Il conviendrait d'en donner connaissance à la Direction diocésaine. Surtout qu'on n'oublie pas le danger qu'il y aurait à laisser nos anciens élèves passer, par manque de cours d'adultes libres, au cours d'adultes officiel.

En terminant, M. le Secrétaire de la Commission de défense de l'enseignement chrétien dans le diocèse félicite et remercie le personnel enseignant de nos écoles chrétiennes du dévouement intelligent et inlassable avec lequel il remplit sa mission, et adresse un souvenir ému à tous ceux, inspecteurs, maîtres et maîtresses, que la mort nous a ravis au cours de la dernière année scolaire.

Une intéressante discussion s'engage au sujet de ce rapport.

Monseigneur fait remarquer les progrès constants du *nombre* de nos écoles. Ces écoles seraient plus nombreuses encore si nous disposions de plus de maîtres.

Les projets de loi qui vont être discutés viendront-ils arrêter ce progrès ? Il faut espérer que non. Par prudence cependant, pour éviter les conséquences du monopole restreint ou hypocrite, on a ouvert cette année, malgré la pénurie des maîtres, plusieurs nouvelles écoles.

M. Mathorel, *curé-doyen de La Trinité-Porhoël*, signale un obstacle possible à l'ouverture ou au fonctionnement de nos écoles libres. C'est l'arrêté que vient de prendre M. le Préfet du Morbihan interdisant la création d'auberges dans le voisinage des écoles. Or, dans cet arrêté, il n'est question que des écoles publiques. Les écoles libres ne seraient pas protégées contre le voisinage des cabarets qui peuvent s'élever auprès d'elles. Et quand le titulaire de l'école changera, l'Inspection académique pourra tirer prétexte du voisinage de l'auberge pour faire faire opposition à l'ouverture des classes.

Monseigneur appelle l'attention sur la lourde *charge* que fait peser sur les catholiques du Morbihan l'œuvre de l'Enseignement chrétien. La charité y apporte sa très large contribution. Mais il faut que la justice y apporte davantage la sienne par la *Rétribution scolaire*. Elle est de plus en plus pratiquée. Mais elle n'est pas encore en vigueur partout, et dans bien des endroits elle est insignifiante.

M. Périchot, *inspecteur diocésain*, a constaté que les écoles qui l'ont adoptée depuis quelques années n'ont pas perdu d'élèves.

M. Le Senne, *vicaire général*, insiste pour qu'elle existe partout, pour qu'elle soit sérieuse et proportionnée aux ressources et à la situation des familles.

M. Moisan, *secrétaire général*, montre l'avantage qu'il y aurait à posséder, auprès de chaque école, un comité dont le soin principal serait de fixer ces rétributions graduées et de veiller à leur paiement.

M. Paget, *recteur de Guégon*, demande quelles sanctions il faudrait prendre contre les parents qui refuseraient de payer la rétribution. Faudrait-il aller jusqu'à l'exclusion de l'enfant ?

M. Le Senne répond qu'il faudrait éviter d'aller jusqu'à l'exclusion. Dans la plupart des cas, la persuasion obtiendrait l'effet désiré.

Avec ce moyen principal d'obtenir des ressources qu'est la rétribution scolaire, plusieurs congressistes signalent d'autres moyens qu'il ne faut pas négliger : un sérieux mouvement d'opinion en faveur de la R. P. Scolaire (M. Le Dorz) ; l'œuvre de Saint-François de Sales (Monseigneur) ; le sou des écoles, sous la forme du petit Feuillet des Noëlistes (M. Le Senne), etc., etc.

Monseigneur passe à la question importante du recrutement et de la formation des *maîtres*. Sa Grandeur en expose les difficultés et les charges. Elle fait appel à la charité de ses diocésains, les priant de regarder au delà de leur école paroissiale, pour songer aux frais généraux nécessités par cette préparation.

M. Guillemaud, *instituteur à Pénestin*, désirerait qu'aux cours normaux on prenne les enfants avant l'âge de 14 ans. L'année qui précède le cours est une année perdue pour eux. D'autre part, les programmes d'examen d'entrée ne sont pas connus ou ne sont pas bien fixés.

M. Perichot répond que prendre les enfants plus jeunes serait augmenter encore les charges. Quant au programme, c'est celui du cours supérieur. Il est suffisamment déterminé.

Relativement aux *obligations* que contractent les maîtres en entrant dans l'Enseignement libre, M. Le Senne rappelle deux ou trois articles du règlement diocésain des écoles. Puis on aborde la question des *diplômes* et des *examens*, tant officiels que libres.

Il est regrettable qu'il y ait si peu d'écoles libres à préparer au Brevet supérieur. Il y a un effort sérieux à faire de ce côté. Au Brevet élémentaire, nos élèves des Cours normaux, surtout les jeunes filles, ont eu cette année de brillants succès.

Les examens du Certificat d'études libres et du Certificat d'instruction religieuse ont été beaucoup plus suivis aussi cette année.

A l'occasion de ces examens, M. BULÉON, *archiprêtre de la Cathédrale*, demande quels sont les droits du curé dans l'école libre de sa paroisse, relativement au programme de l'Enseignement religieux. Peut-il demander aux maîtres d'insister sur tel point, d'y ajouter tel autre ?

MM. LE SENNE et PÉRICHOT répondent que la matière de l'Enseignement religieux, comme les autres parties du programme, est fixée par la Direction diocésaine. Celle-ci sera toujours heureuse de tenir compte des indications de MM. les Curés et Recteurs pour faire des modifications au programme en général et au programme de telle école en particulier. Ces modifications pourront même être commencées avant qu'elle en soit avertie. Mais il appartient à M. l'Inspecteur, en cours de visite, de les ratifier ou non.

MONSEIGNEUR se félicite de la bonne marche des examens du C. I. R. et du C. E. P. Sa Grandeur désirerait cependant qu'il y eût plus de candidats pour le Brevet supérieur d'instruction religieuse et demande à la Direction de l'Enseignement d'en alléger un peu le programme qu'on trouve trop chargé.

Consultée sur quelques points relatifs à ces examens, par exemple sur la cotisation de 0 fr. 50 pour frais d'examens exigée des candidats et sur l'obligation par ceux qui ont déjà obtenu le diplôme du C. I. R. d'être interrogés sur les matières de l'enseignement religieux à l'examen du C. E. P. L'assemblée répond affirmativement et est d'avis qu'il ne faut pas faire d'exceptions.

M. Sylvestre SÉVENO exprime le vœu que l'inspection de l'enseignement religieux, dans la partie bretonnante du diocèse, soit faite par un Inspecteur parlant le breton.

M. LE SENNE dit un mot des *Réunions pédagogiques* dont M. le Rapporteur a oublié de parler. Il rend hommage à la fidélité avec laquelle nos maîtres et nos maîtresses sont venus à ces réunions appelées à faire beaucoup de bien.

M. PÉRICHOT, sur la demande de Monseigneur, donne un état approximatif des *Cours d'adultes* organisés par l'enseignement libre. Cette question soulève une discussion à laquelle prennent part plusieurs congressistes et dont voici les principales conclusions : le Cours d'adultes est d'ordinaire peu suivi. Mais il ne faut pas hésiter à l'établir si, fonctionnant à l'école publique, il risque d'attirer les anciens élèves de l'école libre. Le Cours d'adultes est fatigant pour nos maîtres. Il faudrait dédommager de quelque manière ceux qui y consacreraient leurs veillées.

M. MARTIN D'AURAY exprime à nouveau le regret que le nombre des membres de la *Caisse de secours mutuels et de retraite* du Morbihan soit si peu considérable, étant donnés les avantages que nos maîtres peuvent en tirer.

M. GAUCHER, administrateur à Nantes d'une caisse similaire, croit qu'un abaissement sérieux des cotisations pourrait accroître le nombre des membres. M. Martin d'Auray promet de faire étudier cette question par le bureau de la Société.

Enfin l'*Assurance* contre les *accidents* à l'école est l'objet d'un échange de vues très intéressant. M. VAILLANT expose qu'il y a 25 écoles libres du diocèse assurées par un contrat collectif à une importante société d'assurances. Seule la responsabilité civile du Directeur est mise à couvert. Mais c'est déjà beaucoup, et il serait bon que la plupart des maîtres et maîtresses aient les mêmes garanties. Ils peuvent s'assurer à toute compagnie sérieuse. Mais il serait prudent de ne pas signer la police avant de l'avoir communiquée à la Direction diocésaine et d'avoir pris son avis.

M. NEVEU, inspecteur diocésain, avait accepté de faire un travail sur cette plaie de notre pays — l'*Absentéisme de l'école* — dont nos Congrès précédents s'étaient déjà occupés.

L'ASSIDUITÉ A L'ÉCOLE PRIMAIRE

Analyse du rapport de M. NEVEU

Nul ne peut contester que l'*assiduité* des élèves à leurs classes est la condition fondamentale du bon fonctionnement d'une école, et que le manque habituel d'assiduité ou l'*absentéisme*, suivant la formule aujourd'hui consacrée, est un des pires fléaux de l'école.

Existence du mal. — Ce mal sévit-il chez nous? Plus peut-être qu'ailleurs. Depuis quelques années l'assiduité est plus grande et M. l'Inspecteur d'Académie de Vannes n'hésitait pas l'an dernier à affirmer que la concurrence avait contribué à cette amélioration. Mais le mal est toujours grand et c'est à lui sans doute que le Morbihan doit d'être classé parmi les départements qui donnent le plus de conscrits illettrés.

Ses causes. — Elles sont nombreuses : l'éloignement de l'école et les chemins impraticables en hiver ; les maladies contagieuses assez fréquentes ; les travaux des champs auxquels, faute de domestique ou d'ouvrier, on emploie souvent l'enfant ; la pauvreté des parents. « Après le pain, disait Danton, l'instruction est le premier besoin du peuple. » Oui, mais après le *pain* ; la négligence, l'indifférence des familles, parfois leur avarice, les poussent à exploiter leurs enfants dès leur plus jeune âge, au risque de les rendre inaptes à gagner plus tard leur vie.

Ses remèdes. — Aux deux premières causes on peut remédier par la création d'écoles de hameau, ou mieux encore de petits internats autour de l'école du bourg et par une sérieuse hygiène en classe.

Les autres causes sont plus difficiles à combattre, car au fond elles se résument dans un état d'esprit existant chez les parents et qu'il faudrait complètement modifier. Comment y arriver ?

Le législateur, devant l'impuissance des commissions scolaires chargées d'assurer l'obligation marquée par la loi de 1882, prépare de nouveaux moyens et de nouvelles pénalités. Sans vouloir poser au prophète, nous leur présidons le même insuccès. Les lois sont impuissantes si elles sont en contradiction avec les mœurs.

C'est par la persuasion et non par la contrainte qu'on amènera peu à peu les parents à faire donner à leurs enfants un enseignement suffisant. Ici toutes les autorités sociales ont une tâche à remplir. Prêtres, châtelains, bienfaiteurs et amis de l'école doivent s'y employer.

Mais, de ce changement à opérer dans l'esprit des parents, le maître sera toujours le facteur le plus important. Le moyen le plus efficace d'obtenir la fréquentation scolaire, c'est l'*intérêt* qu'il saura mettre dans son enseignement et le caractère d'*utilité pratique* qu'il saura lui donner. C'est la *participation* qu'il fera prendre aux familles à la marche de l'école.

Si l'enfant apprend à lire et à écrire vite et bien, les parents verront les bienfaits de l'école et l'apprécieront mieux ; si le petit garçon a appris des notions de cubage, d'arpentage, d'agriculture ; la petite fille des notions de couture et d'art ménager, le prestige de l'école grandira encore. Ajoutez à cela des compositions et des bulletins hebdomadaires, des livrets scolaires où les parents trouveront la trace de la vigilance du maître, du travail et des progrès de l'enfant. Ajoutez enfin les perfectionnements, parfois les transformations opérées par le maître sur l'âme de leurs enfants, et les parents certainement n'hésiteront plus à confier, sans relâche, pendant toute l'année scolaire, à ceux qui sont leurs meilleurs collaborateurs, les enfants sur qui ils fondent désormais de sérieuses espérances.

Ce rapport si complet sur les causes de mal et les principaux remèdes à y apporter, rend la discussion moins nécessaire. Mais il est, et MONSEIGNEUR ne manque pas de le faire remarquer, une belle réponse à nos adversaires qui se plaisent à dire que ce sont nos écoles libres qui sont cause de l'absentéisme. L'évêque, les prêtres, les maîtres ne cessent, au contraire, de recommander l'assiduité à l'école.

Le grand remède, — tous en conviennent — consiste à faire sur ce point l'éducation des parents. Il y faudra du temps, et en attendant que ce résultat soit obtenu, il est bon de connaître les expédients capables d'assurer une plus grande assiduité à l'école. A ceux déjà indiqués dans le rapport, M. DANIEL, *curé de Palais*, signale la *cantine scolaire*; M. SIMONNOT père, le *livret scolaire* mis en usage par les conférences de Saint-Vincent de Paul de Vannes ; M. l'*Archiprêtre* de la *cathédrale*, la reproduction de ces petits et multiples *internats* où autrefois les enfants des villages apportaient chez de saintes femmes et filles du bourg les provisions de la semaine et y passaient la nuit sous leur surveillance.

Tous ces moyens auront plus facilement raison, que les lois pénales en préparation, de la plaie de l'absentéisme.

M. GAUCHER, de *Nantes*, trésorier de la *Fédération des Amicales de l'Ouest*, est ensuite invité à entretenir le congrès de l'importante question des Associations amicales d'anciens élèves de nos écoles libres.

LES AMICALES D'ANCIENS ÉLÈVE

Analyse du rapport de M. GAUCHER

Ces associations ont pour *but* de resserrer les liens

les anciens élèves à leurs anciens maîtres et à l'école où ils ont été instruits, d'établir entre tous les membres des relations d'affection qui faciliteront leurs rapports sociaux et leur permettront de s'entr'aider efficacement en bien des circonstances. Elles se proposent de plus de donner aux élèves, après leur sortie de l'école, un appui moral qui leur facilite le choix d'une profession et les débuts dans la carrière qu'ils ont embrassée. Ces associations sont régies par un comité de six ou sept membres, rééligibles chaque année à l'Assemblée générale. Ce Bureau se réunit aussi souvent que l'exigent les intérêts de l'Association, il fixe la date et le lieu des assemblées et se prononce sur l'admission ou la radiation des membres. Les cotisations sont employées à couvrir les frais d'administration et à soutenir les œuvres scolaires admises par l'Association.

M. le Rapporteur indique ensuite les nombreux avantages matériels et moraux que les membres retirent pour eux-mêmes de ces réunions. Partout où elles ont été fondées, on s'est félicité des résultats obtenus. Partout elles ont pour idéal la défense de l'école libre, défense morale et défense matérielle.

Pour étendre leur action bienfaisante et réaliser un bien plus considérable, un certain nombre d'associations d'anciens élèves se sont groupées dans l'*Union régionale des amicales* de l'Ouest, qui a son siége social à Nantes, au cercle de la rue du Chapeau-Rouge, et qui tint, à Nantes, un congrès en 1911. Cette Union groupe actuellement 29 amicales avec 5400 membres. Le Morbihan n'y est représenté que par l'amicale de l'école Saint-Joseph de Lorient.

Cette Union fait elle-même partie de la Fédération nationale, qui compte 65.000 membres et qui est l'agent principal de la campagne pour la répartition proportionnelle scolaire. Cette fédération laisse aux associations leur autonomie, ce qui leur garantit plus de souplesse et leur permet de s'adapter plus facilement aux circonstances et aux milieux. Elle les convie à agir d'un commun accord, avec discipline dans la lutte à soutenir la liberté scolaire et pour l'égalité scolaire des pères de famille. Elle publie un bulletin et a créé un office de placement pour les anciens élèves des écoles libres.

Après la lecture de son rapport, M. Gaucher répond à plusieurs questions qui lui sont posées.

Les amicales sont possibles et utiles, même dans les écoles primaires qui n'ont pas un pensionnat annexé. Elles sont utiles au succès et à la défense de l'école. Dans la ville de Nantes, il n'y a plus que deux écoles primaires à n'avoir pas leurs amicales. Elles sont possibles même dans nos écoles de campagne, à la condition d'exiger une cotisation très minime.

M. MARTIN D'AURAY et M. PAGET demandent si plusieurs écoles, par exemple celles d'un canton, ne pourraient par s'entendre pour fonder une seule amicale ?

M. GAUCHER croit la chose difficile à réaliser, et en tout cas une pareille amicale ne donnerait pas les principaux résultats qu'on en attend.

M. MATHOREL cite en ce genre l'amicale des élèves des anciens Frères de l'Instruction Chrétienne. L'association locale est certainement la meilleure. Mais quand elle n'est pas possible ou facile, il faut aviser à d'autres moyens pour grouper nos anciens élèves.

MONSEIGNEUR clôture la discussion en recommandant au zèle du clergé et des fidèles cette question des amicales. Il y a sur ce point beaucoup à faire chez nous, puisque le diocèse ne compte que six ou sept amicales primaires. Sa Grandeur espère que bientôt le chiffre en sera triplé et que tous s'affilieront à la Fédération des Amicales de l'Ouest, dont M. Gaucher est l'actif administrateur.

Le soir, à 8 heures, la salle Saint-François-Xavier, mise aimablement par M. le Supérieur du collège à la disposition du congrès, est à peu près comble, quand M. Briel, rapporteur général, est invité par MONSEIGNEUR à résumer les travaux de la journée. Après lui, M. SAINT-MAUR, professeur à l'Université catholique d'Angers, traite avec un charme captivant et une exquise délicatesse du « *Rôle social de la femme* ». Nous ne pouvons donner, à notre grand regret, qu'un pâle et court résumé de ce délicieux morceau littéraire.

Nous vivons à une époque essentiellement « sociale ». La femme a voulu aborder, elle aussi, le terrain social. Quel rôle doit-elle y exercer ?

L'influence de la femme rayonne, s'infiltre partout. La femme est l'armature qui soutient le colosse d'argile qu'est l'humanité. Au fond de toute gloire, il y a un nom de femme. Tout héros a son « inspiratrice ». La femme est celle qui abaisse ou élève l'homme. Elle joue donc un rôle considérable dans la société. Mais où ce rôle doit-il particulièrement s'exercer ? Certes il est bon, il est beau de s'émouvoir des souffrances du peuple. Il est bon d'aller au peuple, mais encore faut-il pour cela une préparation. L'orateur pense que ce n'est pas diminuer la femme que de la maintenir dans son domaine naturel : la famille. Le rôle familial est au premier chef un rôle social.

D'ailleurs, la sollicitude de la femme s'étendra à tous ceux sur lesquels elle peut avoir quelque action, et voilà son domaine singulièrement élargi : sur les domestiques, les fournisseurs (l'exactitude dans les payements, les commandes faites à temps, voilà comment se manifeste sa sollicitude sociale à l'égard des fournisseurs et de leur personnel) ; les ouvriers et commis du mari ; enfin les relations, le monde qui a bon ou mauvais ton suivant le ton que lui donne la femme.

Sa sollicitude s'étendra également aux pauvres : il y en aura toujours parmis nous, mais il y aura toujours des âmes charitables pour les secourir.

En résumé, le rôle social de la femme consiste dans l'exact et entier accomplissement des devoirs que lui crée la famille à laquelle elle appartient.

Deuxième Journée

Vendredi 17 Octobre

En ouvrant la séance, Monseigneur dit sa joie du succès de la journée d'hier et rappelle à l'auditoire, où les ecclésiastiques sont plus nombreux que la veille, l'importance des questions inscrites au programme de la journée.

Il donne ensuite la parole à M. de la Grancière pour son rapport sur le *Denier du culte*.

LE DENIER DU CULTE

Analyse du rapport de M. de la Grancière

La forme actuelle du denier du culte a été adoptée par les évêques à la suite de la Séparation violente réalisée en 1905 et du refus de l'Église d'accepter le régime que le législateur prétendait substituer au Concordat. Mais la chose est vieille comme l'Église.

De tous temps les fidèles ont dû subvenir à l'entretien du clergé et des édifices consacrés au culte. Cette obligation est formellement exprimée dans la liste des commandements de l'Église et figure dans un grand nombre de catéchismes. Tous les catholiques doivent comprendre et admettre les raisons de cette obligation. Le denier du culte n'est pas une *offrande facultative*, mais une dette obligatoire en conscience et proportionnelle à la fortune de chacun.

Si dans tous les diocèses le but est le même, il y a pour l'organisation et la perception des modalités différentes : quêtes à domicile faites par le curé seul, le curé et ses vicaires, le curé et des laïques, hommes ou femmes, par des laïques seuls ; quêtes à l'église ; souscriptions portées à la cure ; appel par lettre à toutes les familles, etc...

Ici le contrôle est assuré par des carnets à souche ; là on a établi une commission composée de prêtres et de laïques et chargée d'établir la balance annuelle, d'examiner les pièces relatives au fonctionnement de l'œuvre et de vérifier la comptabilité.

Dans le diocèse de Vannes on a déterminé pour chaque paroisse une taxe indiquant le minimum que la paroisse doit fournir à l'œuvre. Le chiffre de cette *taxe indicative* a été établi par canton en tenant compte de deux éléments : 1° nombre des prêtres employés au saint ministère ; 2° chiffre de la population. La somme des taxes cantonales devait donner le chiffre nécessaire au diocèse. Or le diocèse compte environ 300 curés et recteurs et 380 vicaires. Même après les réductions de traitement déjà faites, il faudrait 383.000 francs, ce qui ferait une moyenne de 0 fr. 75 par tête d'habitant.

Les modes de perception sont très variés : Offrandes volontaires. — Quête à domicile : à Auray, la quête est faite par les ligueuses des Femmes françaises ; à Vannes, à Saint-Pierre, des hommes, des collecteurs, sont chargés de la quête. La quête à l'église se pratique à Saint-Louis à Lorient.

Contrôle. — Presque partout, il y a un cahier de souscription du denier du culte que les autorités diocésaines peuvent contrôler en visite canonique.

Caisse centrale. — Chaque paroisse dont la taxe dépasse le chiffre nécessaire pour le traitement du clergé local, envoie à la Caisse centrale, à l'Évêché, la différence entre le chiffre de la taxe et le chiffre des traitements.

La caisse centrale se sert de ces versements pour adresser aux paroisses dont la taxe est inférieure au traitement du clergé, la différence qui doit leur revenir.

Commission de contrôle. — La marche de l'œuvre du denier du culte est soumise, chaque année, au contrôle d'une Commission composée d'ecclésiastiques et de laïques : Monseigneur l'Évêque ; MM. les Vicaires généraux ; M. le Doyen du Chapitre ; deux chanoines ; MM. le général Graff, Mauduit, conseiller général, André et de la Grancière.

Cette commission se réunit une fois par an, en janvier, pour : 1º vérifier la comptabilité ; 2º entendre le compte rendu de l'exercice ; 3º Allouer des secours à des paroisses qui n'ont pas pu, malgré leur bonne volonté, parvenir au chiffre de la taxe.

Résultats. — Depuis que l'œuvre fonctionne dans le diocèse de Vannes, le denier du culte :

1º N'a produit que les 2/3 de la somme nécessaire (ce qui est inquiétant, car il faut combler avec les ressources ordinaires des églises, et par suite celles-ci sont appauvries) ;

2º S'est toujours maintenu ; progresse plutôt chaque année, mais d'une manière imperceptible ;

3º Doit une grande part de sa faiblesse à ce que son caractère diocésain n'est pas suffisamment compris. Les sommes qui sont offertes chaque année directement à Monseigneur l'Évêque varient entre 2,000 francs et 4,000 francs, chiffre insignifiant.

Dans beaucoup de paroisses on a employé des sanctions : refus de sonner les cloches au baptême ; diminution des honneurs aux mariages et enterrements, etc. Partout on s'en est bien trouvé.

Monseigneur remercie M. de la Grancière de son excellent rapport. Sa Grandeur adresse aussi ses remerciements et aux catholiques du diocèse qui se sont imposé tant de sacrifices pour essayer de reconstituer le budget des cultes et aux prêtres qui ont accepté avec tant d'abnégation les réductions proposées sur leurs traitements.

Le denier du culte est une œuvre nécessaire, un devoir essentiel des catholiques. L'a-t-on bien compris partout ? Quelles causes principales expliquent l'insuffisance du rendement actuel, qui ne fournit que les deux tiers de la somme nécessaire à l'entretien du clergé et à son recrutement ?

M. Louis Simonnot pense que la plupart des fidèles ne se rendent pas un compte exact des devoirs qui leur incombent à ce point de vue. Il importe de faire leur éducation en leur montrant les changements imposés par la loi de Séparation et en leur expliquant le caractère diocésain de l'œuvre.

L'ignorance des charges qui pèsent actuellement sur l'administration diocésaine est, en effet, la principale cause d'insuffisance, dit Monseigneur. Il faut éclairer les fidèles sur ce devoir.

M. Le Senne estime que, pour réussir dans ce travail nécessaire d'éducation, le prêtre doit trouver parmi les laïques de sa paroisse des auxiliaires avertis et dévoués. Outre le rôle d'éducateurs, ces auxiliaires pourront peut-être aussi assumer les fonctions de zélateurs percevant eux-mêmes les cotisations ?

Ils rempliront utilement cette fonction en ville, répond-t-on généralement.

M. le sénateur Riou n'est pas d'avis de les charger de la quête à domicile à la campagne. Il croit leur inter-vention plutôt préjudiciable à l'œuvre. La cotisation donnée directement au clergé sera ordinairement plus forte que celle qu'on remettrait à des laïques.

Tout le monde est d'accord pour reconnaître que la quête à domicile est le mode de perception le plus efficace. La quête faite à l'église est regardée comme le système le plus défectueux. Tout au plus pourrait-elle être acceptée, propose M. Dubot, vicaire général, comme complément du premier mode de perception.

M. le Curé-Doyen de Sérent expose le système adopté dans sa paroisse : c'est un *abonnement* à toutes les céré-monies du culte, divisé en quatre classes. Cet abonnement n'est pas imposé. Les fidèles demeurent libres de parti-ciper d'une autre manière au denier du culte. En fait, la plupart sont abonnés.

C'est le système des catholiques suisses, dit Monsei-gneur. Il a obtenu bien peu d'adhésions dans le diocèse. L'idéal serait que les catholiques vinssent spontanément apporter leurs cotisations. Mais il y a malheureusement dans chaque paroisse des fidèles qui essaient de se soustraire à l'obligation. Y a-t-il lieu de leur appliquer des sanctions ?

Tout d'abord Monseigneur fait remarquer que les sanctions ne doivent jamais avoir un caractère de compen-sation pécuniaire. Elles ne peuvent aboutir à priver un catholique des sacrements. Elles leur enlèveront seulement les honneurs de surcroît.

MM. les Curés de Séront et de Questembert exposent que dans leurs paroisses on retranche ainsi les honneurs aux abstentionnistes et que le système a été adopté sans trop de réclamations.

M. le Recteur de Saint-Joseph du Plessis dit que dans sa paroisse on a recours à un double tarif : celui des fidèles et celui des non cotisants. Ce système donne de bons résultats et ne présente pas de difficultés graves.

Monseigneur insiste sur la nécessité de faire appel à tous les fidèles, alors même qu'un généreux bienfaiteur permettrait d'atteindre la taxe, minima indiquée par l'administration. Il y va de l'avenir de l'œuvre dans la paroisse et de la garantie des besoins généraux du diocèse, que la taxe minima est insuffisante à couvrir.

LES CONFRÉRIES DU SACRÉ-CŒUR ET DU SAINT-SACREMENT

M. l'abbé Le Gaillard, curé-doyen de Questembert, traite des *Confréries du Sacré-Cœur et du Saint-Sacrement.*

M. le Rapporteur constate que les pratiques de piété sont moins en honneur chez les hommes que chez les femmes. Les hommes ont cependant autant besoin que les femmes d'une foi vive et sincère qui pénètre intimement leur vie et se traduise au dehors par des actes religieux. Rien n'est plus apte à raviver leur foi que les œuvres adaptées à tous les âges et à toutes les conditions qui se sont multipliées depuis quelques années, et parmi ces œuvres les confréries du Sacré-Cœur et du Saint-Sacrement. Leur but ? Porter plus efficacement leurs membres à se sanctifier eux-mêmes en leur faisant chercher dans la sainte Eucharistie le vrai principe de la vie et de la force chrétiennes.

Rapprocher les hommes de l'Eucharistie, c'est les faire puiser aux sources du salut l'eau qui purifie le cœur et rénove la ferveur. L'efficacité du culte eucharistique n'est pas à démontrer. Le succès des œuvres eucharistiques près des hommes est non moins avéré. Il faut donc grouper les hommes en confréries du Sacré-Cœur. Là où on a essayé, on a réussi.

Comment s'y prendre ? Il faut d'abord des statuts. Monseigneur en a publié d'excellents. Pour le recrutement, deux systèmes sont employés : l'un consiste à profiter de l'enthousiasme qui suit une cérémonie émouvante, comme une grande mission, une retraite d'hommes. En général, ce moyen n'est pas à conseiller. Ou bien, à l'invitation publique adressée aux hommes, personne ne répondra ; ou bien, une fois le mouvement donné, on viendra trop nombreux ; beaucoup de ceux qui auront donné leur nom, en un jour de ferveur, cesseront vite de fréquenter les réunions, et l'on aura le désagrément de voir l'œuvre décroître, au lieu de progresser.

Il est plus pratique de recruter individuellement les premiers associés. Le clergé de la paroisse s'adresse aux meilleurs chrétiens, leur explique le but et le fonctionnement de la Confrérie et s'assure leur concours. Il y aura peut-être quelques déceptions pénibles. Mais la plupart s'empresseront de donner leur adhésion.

Cette sélection doit se faire discrètement : il faut éviter de heurter les susceptibilités.

Quand une trentaine ou une quarantaine d'hommes sont acquis à l'Association, il est nécessaire de faire un appel général à tous les hommes de la paroisse.

Une réunion préparatoire permettra aux confrères de se compter, de constater qu'ils ne sont pas seuls. On y formera le bureau, dans lequel entreront, autant que possible, des représentants de chaque frairie ou de chaque quartier, avec fonction de zélateurs. On distribuera les fonctions, on organisera l'œuvre. Ainsi la Confrérie sera prête à marcher.

Tous les membres ne seront pas également assidus aux réunions ; mais on sera édifié de la piété générale des associés. Il s'y fera parmi eux un mouvement de dévotion envers l'Eucharistie. Des hommes qui autrefois communiaient rarement viendront régulièrement tous les mois à la Table sainte.

La Confrérie sera comme un foyer de piété et un élément précieux de régénération pour la paroisse.

Après avoir remercié M. le Curé-Doyen, MONSEIGNEUR montre combien il est urgent de créer dans le diocèse ces confréries qui ont fait tant de bien autrefois à nos compatriotes. Les confréries sont le meilleur moyen de développer le sentiment religieux chez les hommes. Il demande s'il y a des difficultés spéciales pour les établir.

M. PAGET, recteur de Guégon, signale un certain nombre de préjugés et surtout le respect humain, très répandu à la campagne.

M. LE MÉNAHÈS, curé-doyen de Pont-Scorff, indique que les hommes tirent très fréquemment argument de leurs multiples occupations pour s'abstenir des réunions, et de la nécessité de garder la maison pour que les femmes aillent à l'église.

M. Le Senne conseille de créer des confréries séparées pour les hommes et pour les femmes.

Ce pourrait être une cause d'insuccès à la campagne, pense M. Simonnot, le petit nombre aidant au respect humain. On est plus disposé à se rendre à une réunion où on sait trouver un très grand nombre de personnes.

Ce qu'on se propose avant tout, déclare M. Le Senne, c'est de former des hommes à la piété. Ils en ont autant besoin que les femmes. Or, pour cette formation, la séparation est nécessaire. Ne faudrait-il pas de plus un conseil de la confrérie avec réunions plus fréquentes ?

M. Buléon estime qu'il faut de toute nécessité des entraîneurs, qui se rendent compte de la marche de l'œuvre, se forment à l'apostolat à exercer sur les confrères et s'occupent des convocations personnelles à faire dans chaque frairie.

Monseigneur insiste sur la formation de cette élite qui contribuera à faire l'éducation eucharistique dans la paroisse, en corrigeant les petits défauts de ces associations et en détruisant le formalisme qui est un danger pour la dévotion.

M. Buléon renouvelle une demande déjà faite au Bureau diocésain. L'éducation eucharistique demande un programme de prédication eucharistique qui aide à une formation méthodique des fidèles.

Ce vœu est en voie de réalisation, répond M. Le Senne. Le programme pourra être publié avant peu.

Il serait à souhaiter, ajoute M. le Vicaire général, qu'en plus du programme, il y eût un groupe de prédicateurs ecclésiastiques.

M. Buléon le désire ardemment. Se préparant de façon spéciale à cet apostolat, choisis de préférence en dehors des cadres du ministère paroissial, recevant une délégation particulière de Monseigneur, ils reprendraient l'évangélisation eucharistique exercée au XVIIᵉ siècle avec tant de succès par le P. Huby.

Monseigneur se déclare tout disposé à favoriser les

vocations qui voudront bien se montrer à cet égard et conseille de commencer dès maintenant à spécialiser quelque prêtre dans chaque quartier du diocèse.

SA GRANDEUR rappelle l'aide puissante que peuvent donner aux recteurs les comités paroissiaux dans la création de ces confréries destinées à répandre de plus en plus la vie catholique, et le soutien efficace que trouveront dans une confrérie du Saint-Sacrement vraiment fervente les membres des unions paroissiales.

LA QUESTION SYNDICALE
ET LES CATHOLIQUES

Analyse du rapport de M. l'abbé LE PORTOIS

La question syndicale, ou plus généralement la question de l'organisation professionnelle se pose aux époques où l'on a besoin de l'union des intérêts pour donner un nouvel essor à la profession. M. le Rapporteur part de là pour faire l'historique de l'Organisation professionnelle. Il montre, par des exemples, que si l'association professionnelle n'est pas une société qui, de droit naturel, *s'impose* à l'homme qui fait partie de la profession et par le fait même qu'il en fait partie, les circonstances, l'histoire l'atteste, ont amené les artisans à faire usage du droit naturel d'association pour défendre leurs intérêts.

Ce droit, après avoir trouvé son parfait épanouissement dans les corporations, a été complètement violé par la Révolution qui, pour détruire certains abus faciles à réprimer, a tout détruit. Pour réparer, les désastres causés par la loi Chapelier, il fallut du temps et de longs efforts. Et ce ne fut que par la loi du 21 mars 1884 que fut recouvré par les ouvriers le droit de s'associer dans la même profession ou métiers similaires pour étudier et défendre leurs intérêts.

Après avoir analysé les principales dispositions de cette loi, M. le Rapporteur expose l'état actuel de l'organisation professionnelle.

Sur une population active de 20.800.000 personnes environ, comprenant les chefs d'établissements, employés, ouvriers et chômeurs, soit 13.100.000 hommes et 7.700.000 femmes, on comptait en France au 1er janvier 1912 : 16.209 groupements et 2.455.536 adhérents, soit le 1/6 de la population syndicable. On constatait sur l'année précédente une augmentation de 541 groupes et de 69.450 membres.

Ces différents syndicats se répartissaient ainsi :

Syndicats patronaux..   4.888 et   410.160 membres
—   ouvriers....   5.217 et 1.064.413 adhérents
—   mixtes......   225 et   46.646   —

Le nombre des ouvrières syndiquées était de 92.337 dans les syndicats ouvriers et de 7.242 dans les syndicats mixtes, soit le 1/8 à peine de la population syndicable féminine.

Peut-on dire que l'usage que font les ouvriers et les patrons du droit d'association se tourne à l'avantage de la profession ? Il ne le semble pas. D'un instrument de pacification on a fait un instrument de guerre qui aboutira à la ruine même de la profession, si une action bienfaisante n'arrive à diminuer le ferment de division, d'injustice et de haine jeté dans le mouvement syndical et qui corrompt toute la masse.

Cette action bienfaisante sera l'œuvre de l'Église dépositaire de toutes les vérités et chargée par Notre-Seigneur de les répandre dans le monde. Toute action syndicale, bien qu'elle ait pour objet essentiel l'étude et la défense d'intérêts professionnels et économiques, met nécessairement en cause des principes et implique par suite des doctrines entre lesquelles il est indispensable de choisir. Les catholiques ont une autorité directrice, interprète de la doctrine, qui les garantit du risque de s'écarter de la vérité. Voilà pourquoi ils doivent se grouper entre eux et s'écarter des associations qui, partant de principes différents, doivent aboutir à une action opposée.

Des syndicats fondés en conformité avec cet idéal ont été créés en Italie, en Allemagne, en Hollande, en Belgique... Partout ils ont fait des progrès rapides. En Belgique, on compte 100.000 syndiqués catholiques. La méthode, franchement catholique, en vertu de laquelle ils se composent exclusivement d'ouvriers catholiques, n'a nui en rien à leurs progrès constants. Auprès de chaque syndicat, un *aumônier-conseil*, un prêtre-adviseur. Sa fonction est d'être l'interprète autorisé de l'Église dans les problèmes économiques où la morale chrétienne est engagée.

Chez nous, la seule organisation catholique importante chez les ouvriers, formée en conformité avec la loi de 1884, est la fédération des *syndicats d'employés catholiques* créée cette année même et qui compte environ 15.000 membres.

Je ne parle pas des syndicats agricoles, que je n'ai pu étudier d'une façon assez complète.

Il est vrai que depuis 2 ou 3 ans le mouvement syndical féminin catholique est en belle voie d'organisation.

Si aux syndicats libres féminins de l'Isère, groupant plus de

2000 adhérentes, et aux syndicats de la rue de l'Abbaye, englobant 4514 travailleuses, nous ajoutons les autres syndicats créés en France pour les ouvrières, nous arrivons au chiffre de 12.000 femmes syndiquées dans des associations à caractère franchement catholique.

Qu'est cela, dira-t-on, à côté du chiffre de 1.029.238 syndiqués en France que le *Bulletin de l'office du travail* nous donne dans sa dernière publication ?

Qu'est-cela encore à côté des gros effectifs dont l'Allemagne, l'Italie, la Belgique, la Hollande, peuvent se faire honneur ?

M. Ch. Viennet (le secrétaire de la Fédération française des syndicats d'employés catholiques) répond dans la *Vie nouvelle* du 25 mai 1912, ne parlant que des syndiqués hommes.

« Il est permis d'espérer que nos 15.000 ou 18.000 syndiqués catholiques français ont coûté plus d'efforts que les 100.000 syndiqués belges qui ont trouvé sur place des facilités dont nous n'avons pas idée en France. Nous voulons parler et des dispositions du gouvernement, et de l'organisation religieuse et de l'esprit public. Les catholiques ne sont pas en France dans un pays conquis, mais dans un pays de conquête ; leurs œuvres, édifiées sous le feu d'un adversaire en possession de la puissance formidable du pouvoir, commencent à peine à sortir de terre. Cessons de nous diminuer volontairement nous-mêmes et, sans rien perdre des exemples qui peuvent nous venir de l'étranger, travaillons notre sol avec patience et persévérance. Là est le succès. »

Dans notre campagne d'organisation professionnelle, il importe de travailler avec l'Église et dans l'Église, parce qu'en dehors d'elle il n'y a qu'erreur et incertitude.

MONSEIGNEUR félicite M. l'abbé Le Portois de l'exposé si clair qu'il vient de faire de la question syndicale et de la façon très heureuse dont à Vannes il réalise ces principes. La modestie du rapporteur a été cause d'une lacune dans ce rapport si complet. A la prière de Sa Grandeur, M. LE POURTOIS comble cette lacune en donnant sur la section syndicale d'employés du commerce et de l'industrie de Vannes dont il est l'aumônier-conseil des renseignements fort intéressants.

Cette section, recrutée au début parmi les membres de la Jeunesse catholique a commencé en décembre 1912, par quinze membres. Elle en compte trente actuellement. Ses cours professionnels sont donnés tous les jours.

Tous les trois mois, on tient des réunions où on se rend compte de la marche du syndicat et où on répond aux enquêtes du syndicat de Paris.

Y a-t-il une cotisation ? demande M. le sénateur Riou.

La cotisation est de 6 francs par an, payable en une fois ou par semestre.

Il y a un bureau qui se réunit tous les mois et dirige la section. L'aumônier assiste à ces réunions, mais n'a pas voix active dans les délibérations.

M. Le Senne demande si la condition d'être catholique notoire imposée par les statuts ne nuit pas au recrutement et n'écarte pas de très bons éléments ?

M. Le Portois ne le pense pas. La disparition de cette clause ne ferait gagner aucun membre parmi les ennemis. Elle ne nuit en aucune façon, au contraire. Le développement de la section en est la preuve. La section pense arriver à grouper 100 membres à Vannes.

Allez doucement, conseille M. Le Senne.

M. Guillevin craint que par suite de la décentralisation — la section arrivant à se suffire et se transformant en syndicat — on ne perde les avantages de l'office de placement organisé par le syndicat central.

Même séparés, lui répond-t-on, les syndiqués jouissent des mêmes avantages.

Ne serait-il pas possible, demande M. Le Senne, d'organiser des sections semblables à Lorient, Auray, Pontivy... ?

A Morlaix, à Saint-Brieuc ont été formées des sections, répond M. Le Portois, et ce qui a été fait là serait possible dans nos villes, facile même à Lorient où les employés sont nombreux. Le Congrès émet le vœu qu'on s'occupe au plus tôt de promouvoir dans les villes des sections syndicales d'employés.

Ce qui a été fait pour les employés ne pourrait-il se faire pour les ouvriers, les ouvrières ?...

Mlle Eon donne quelques renseignements sur le syndicat féminin de l'aiguille. Il compte 125 membres. La plupart des syndiquées sont admises dès l'âge de 13 ans — ce qui est excellent pour leur formation syndicale, fait remarquer M. Paul Simonnot, — elles bénéficient d'une œuvre de trousseau et de cours professionnels.

Mais, fait observer Monseigneur, il y a place pour d'autres syndicats : syndicats de factrices, d'ouvrières, d'employées.

Y a-t-il d'autres syndicats ailleurs ?

On reconnaît que bien faible est l'organisation syndicale catholique. Il y a eu des syndicats de marins-pêcheurs, notamment à Sauzon et à Gâvres. Ils n'ont pas tenu. Même échec à Séné. A quoi tiennent ces échecs ? Au manque de bénéfices immédiats et palpables, dit M. Buléon. On se syndique en vue d'un avantage immédiatement réalisable.

M. le sénateur Riou raconte une visite qu'il fit à la C. G. T. en compagnie du citoyen Jouhaux et explique que la force de cette organisation vient de notre faiblesse.

M. le Sénateur félicite les dirigeants des syndicats agricoles de leurs intelligentes initiatives.

De la discussion très animée, on conclut à la nécessité de développer dans tous les milieux l'esprit syndical par des brochures, revues, conférences, etc...

A la séance générale du soir dans la salle des fêtes du collège Saint-François-Xavier, l'auditoire est plus nombreux que la veille. Après un substantiel compte rendu de la journée fait par M. l'abbé Briel, Monseigneur présente l'orateur, M. Hari, avocat à la Cour d'appel de Rennes.

M. Hari parle avec une rare compétence et une éloquence entraînante de cet « apostolat laïque » qu'il pratique lui-même tous les jours, et dont il est un des plus éminents représentants.

Un chrétien est celui qui a été baptisé, qui croit et professe la doctrine chrétienne, « professe », c'est-à-dire qui la pratique, qui l'enseigne et se dresse en face de ceux qui la combattent. L'engagement du baptême comprend l'engagement de l'apostolat. Tout chrétien doit être un apôtre. La première qualité de l'apôtre, c'est la charité, qui consiste à se donner tout entier, avec tout son cœur, toute son âme, toute sa pensée, tout « soi ».

C'est par la charité, c'est-à-dire par l'amour, que l'apôtre laïque contribuera à dissiper le malentendu qui divise le capital et le travail, et qui aboutit à la guerre des classes qui, elle, est inspirée par la haine.

Oh ! comme ils sont admirables nos ouvriers de France ! Quelle abnégation, quelle sincérité même dans leurs erreurs et comme ils ont le culte de l'idée ! C'est à eux que se dévouera l'apôtre chrétien pour ramener à la pratique chrétienne ceux qui l'ont abandonnée. Allons à l'ouvrier, allons au peuple. Mais comment l'atteindre ? D'abord par la parole, la parole vivante, toute-puissante sur les cœurs; par la plume, et pour ceux qui n'ont ni le don de l'orateur ni celui de l'écrivain, par la diffusion de la bonne presse, la préparation des réunions, des conférences, par l'organisation des mutualités.

Voulons-nous atteindre le peuple ? N'hésitons pas à nous mêler dans les conflits entre le capital et le travail, et tâchons de faire pencher la balance du côté de la justice. Soyons courageux et n'hésitons pas quand le devoir l'exige, n'hésitons pas à marcher de l'avant, malgré un texte de loi, vivant aujourd'hui, mort demain ! Et puis, prêchons d'exemple, et que notre vie soit conforme à nos principes. Et n'imitons pas ces catholiques qui, après avoir pleuré et gémi le matin sur les ruines de l'Église, dansent le soir au bal et conduisent le cotillon !

Mêlons-nous au peuple, allons à lui, allons à ceux qui souffrent, à ceux qui travaillent.

Et en terminant, l'éloquent orateur, qui a été salué d'unanimes applaudissements, évoque la resplendissante vision du pèlerinage ouvrier à Rome, cette foule immense agenouillée dans la cour du Vatican, tandis que le Pape donne sa bénédiction à la ville et au monde !

Monseigneur remercie avec émotion le conférencier. Les évêques, les prêtres, ne peuvent rien si les laïques ne secondent leurs efforts.

« Nous ne pouvons vous sauver sans vous ». Le laïque doit se faire l'auxiliaire du prêtre, à une heure où tant d'âmes périssent, où l'erreur est si insolente, où il faut tout restaurer en Jésus-Christ.

Monseigneur remercie ensuite les catholiques du diocèse de tout le bien qui se fait par eux, de ces œuvres qui se multiplient et font tant de bien. Il sent combien il lui est impossible d'élever sa reconnaissance à la hauteur de leur charité.

L'apostolat sera surnaturel ou il ne sera pas. Il n'y a pas d'œuvre de Dieu si elle n'est pas surnaturelle par ses principes et ses moyens. Il y faut aussi de la discipline, c'est-à-dire qu'il faut prendre le mot d'ordre du prêtre et de l'évêque et ne jamais se séparer d'eux. Le succès est à ce prix.

TROISIÈME JOURNÉE

Samedi, 18 Octobre

MONSEIGNEUR ouvre la séance à 9 h. 1/2. Il félicite les dames, venues en plus grand nombre que d'ordinaire, de montrer par leur empressement l'importance qu'elles attachent au grave problème de la protection de nos jeunes chrétiennes tant dans leur village natal que dans les villes où elles émigrent. Puis, Sa Grandeur donne la parole à M. le chanoine Thubé pour la lecture de son rapport.

L'ÉMIGRATION FÉMININE

Analyse du rapport de M. THUBÉ

I. ÉTAT. — L'émigration féminine est un mal qui sévit partout dans le diocèse. Certaines paroisses voient partir chaque année, pour les grandes villes, jusqu'à vingt et trente jeunes filles. Pour le diocèse entier, c'est une moyenne annuelle de 2.150 départs.

Elles partent dans des conditions déplorables : à quinze ans souvent, dès onze et douze ans parfois.

Où vont-elles ? — D'un premier vol, dans les petites villes voisines : Vannes, Lorient, Auray, Pontivy ; mais c'est une étape d'où, le plus souvent, elles s'achemineront vers des cités plus grandes et plus lointaines, pour échouer bientôt à Paris. Elles y servent en qualité de domestiques dans les maisons bourgeoises ou d'employées dans les hôpitaux. Dans l'une et l'autre situation, leur vie religieuse et morale court les plus grands risques. Beaucoup de ces malheureuses se pervertissent et finissent misérablement dans les hôpitaux de la capitale.

II. CAUSES. — Par *nécessité*. Les enfants sont nombreux, la terre est pauvre, la chaumière trop étroite.... la faim se fait sentir. Dès lors, que faire, sinon partir pour aller demander à la ville voisine un gîte et du pain ?...

Et puis, mille voix se font entendre, voix attirantes et prometteuses ! *La voix des grandes villes* qui chante le luxe facile, les plaisirs, les fêtes, la liberté (et qui enseigne le mépris de la campagne, de ses rudes travaux et de sa vie austère).

La voix des amies d'enfance qui sont parties, qui ont réussi et qui éblouissent leurs jeunes compatriotes restées au village, par leurs brillantes toilettes, leur allure dégagée et leurs propos assurés.

La voix du cœur qui parle aussi : « Jamais, disent-elles, on ne trouvera un épouseur parmi les jeunes campagnards, désireux eux-mêmes de quitter le village pour se marier, en ville, avec des demoiselles... »

Sans doute, pour combattre ces voix perfides, *la voix du clergé* se fait entendre. Mais elle est trop souvent sans écho, parce qu'elle est discréditée par les ennemis de notre foi.

La voix de l'école devrait parler aussi, pour prêcher aux petites filles l'amour de la terre. Mais, hélas ! l'école officielle enseigne tout autre chose que les vertus familiales et la beauté d'une vie simple et sacrifiée. Et puis les programmes sont-ils rédigés avec le souci de donner à l'enfant le goût et la science des travaux agricoles ?...

Et les *mères !* Ne devraient-elles pas élever leur voix pour retenir près d'elles leurs jeunes filles avides de goûter aux plaisirs des villes ? Hélas, combien de mères indifférentes ! Combien même de mères complices, qui sont les premières à pousser leurs pauvres enfants dans le gouffre des cités !

III. Remèdes.— A. *Pour combattre l'émigration.*— Il n'existe pas, au fléau de l'émigration, de spécifique infaillible et absolu, mais il faut dire, avec M. Cheysson, que « nous disposons de moyens éprouvés et nombreux dont chacun, appliqué dans les conditions qui lui conviennent, a son efficacité partielle, et dont la combinaison peut singulièrement atténuer la gravité du fléau. »

1º Le premier remède, c'est le développement et l'accroissement de la vie religieuse chez les mères de famille et chez leurs jeunes filles. Faites germer dans le cœur de l'enfant les vertus chrétiennes ; imprégnez la mère de l'esprit évangélique. . alors, mais alors seulement, vous pourrez les convaincre de la noblesse des travaux champêtres et les émouvoir au récit des dangers que courent, dans les grandes villes, la foi et la vertu des jeunes filles.

2º Ne négligeons aucune occasion de prêcher l'attachement à la terre, l'amour du foyer et le mépris des villes ; portons cette préoccupation au catéchisme, à l'école chrétienne, au patronage, aux retraites, aux réunions des enfants de Marie et des Mères chrétiennes, au confessionnal, dans la chaire, dans les visites à domicile. Usons aussi du théâtre, de la chanson, des bons livres...

3º « On se sauve du village bien souvent parce qu'on le trouve trop triste, dit M. Méline ; il faudrait l'égayer, l'animer, l'embellir... » Offrons donc à la jeunesse des plaisirs honnêtes ; procurons-leur surtout, le plus souvent qu'il est possible, la joie si pure et si profonde de nos belles cérémonies religieuses.

4° Mais puisqu'une des principales causes de l'émigration est la cruelle nécessité engendrée par la pauvreté, travaillons à améliorer la situation économique de la famille agricole, et spécialement de la jeune paysanne.

a) Prônons toutes les œuvres sociales agricoles.

b) Essayons de créer et de développer dans nos campagnes les industries rurales : lingerie, dentelle à la main, fabrication des objets de tricot, etc...

c) Mais surtout enseignons aux femmes et aux jeunes filles l'exploitation des richesses rurales que l'on néglige ou que l'on ignore : culture des légumes et des fruits, laiterie, élevage des volailles et des lapins, vente des œufs.

B. *Pour canaliser l'émigration.* — Essayons tous ces moyens de combattre l'émigration, mais songeons aussi à celles qui sont parties et partiront encore demain. Comment les secourir ?

1° En essayant de connaître par avance les départs.

2° En prodiguant des avis sur les dangers du voyage, les tentations des villes et sur les moyens de les éviter.

3° En donnant des lettres de recommandation pour le clergé, les patronages, les œuvres paroissiales, l'œuvre de la protection de la jeune fille.

4° En restant en relation avec les émigrées, par correspondance ou par le bulletin paroissial...

Mais encore faut-il que notre action, soit pour enrayer, soit pour canaliser l'émigration, soit organisée.

Aussi, faut-il que, dans chaque paroisse, un comité soit créé ou du moins une correspondante soit désignée, dont le rôle serait de réaliser une partie au moins des remèdes proposés. On préconise également la formation d'un Comité diocésain chargé d'appuyer et de seconder en toute manière l'activité des comités et des correspondantes de chaque paroisse.

Une discussion très vivante suit la lecture de cet excellent rapport où la question a été traitée de façon précise et complète.

Monseigneur insiste sur le chiffre considérable de l'émigration féminine. Les émigrantes partent très jeunes. Dans quelles conditions partent-elles ?

MM. Le Baron, Séveno, Simonnot signalent certains centres de *racolage* qui réunissent les jeunes filles et les expédient dans les grandes villes sans que les parents puissent savoir quelles places trouveront leurs enfants à l'arrivée. Ces agissements continuent malgré les arrêtés préfectoraux, et on voit émigrer des jeunes filles de 11 ans, ce qui ne semble pas légal, fait remarquer M. Simonnot, et qui ne trouveront dans la grande ville qu'une situation lamentable au point de vue moral.

Monseigneur rappelle qu'un rapport de médecin lu dans un Congrès de l'Association internationale des œuvres de protection de la jeune fille, a fait un tableau bien angoissant de la misère morale et physique dans laquelle se trouvent la plupart des jeunes filles échouées dans les grandes villes.

M. le Recteur du Gorvello dit que souvent les jeunes bretonnes émigrées se marient à Paris, mais à l'insu des parents et le plus souvent devant l'officier civil seulement. Si bien que les parents, dit M. Josset, viennent se renseigner à la sacristie de la cathédrale et essayer de savoir si leurs enfants sont mariés religieusement. Il y a aussi des mariages religieux. C'est de 60 à 80 notifications de mariages, observe M. Moisan, que l'on reçoit par mois de Paris, de Versailles, 20 de la région chartraine ?

A quelles causes attribue-t-on ce lamentable exode, demande Monseigneur.

Le travail est déconsidéré à la campagne, dit Mᵐᵉ de Montcuit ; les familles sont nombreuses, remarque M. Simonnot, et les enfants de fermiers ne trouvent pas à se placer.

MM. Plevert. Langlois, Sageret signalent de plus la misère, l'appât du gain, le goût du luxe, l'attrait des plaisirs de la ville, l'insuffisance des salaires féminins, etc.

Monseigneur reprend les différentes causes indiquées pour faire préciser leur valeur et demander les remèdes qu'on pourrait apporter.

Presque tous les congressistes reconnaissent qu'en fait les jeunes filles ne peuvent pas trouver assez de places dans leur région et que ces places ne sont pas toujours suffisamment rémunérées. A côté des personnes qu'attirent les plaisirs de la ville, il y a beaucoup de bonnes jeunes filles qui émigrent pour se faire une situation honorable.

M. Louis SIMONNOT déplore l'insuffisance des connaissances religieuses chez beaucoup de personnes. Il croit que les mères de famille mieux averties de leurs devoirs et des véritables intérêts de leurs enfants, opposeraient une barrière efficace à l'émigration.

MONSEIGNEUR appuie cette remarque, en recommandant d'instruire la mère de famille et de multiplier les œuvres et réunions spéciales destinées à l'éclairer sur ses devoirs. Il faut de plus fortifier les jeunes filles dans leurs convictions religieuses. En les formant mieux à la vie chrétienne, on en retiendra quelques-unes et on aura donné à celles qui doivent partir le moyen de se mieux protéger contre les dangers.

L'enseignement ménager, dit M. LANGLOIS, est un remède à employer. Le désordre et le mauvais entretien du foyer contribuent à détacher de la maison paternelle. Cet enseignement plus répandu le rendra plus confortable et contribuera à retenir les jeunes filles à la campagne.

M. JOSSET demande qu'on place dans toutes nos églises, comme on l'a fait dans le Finistère, les affiches de l'Association internationale des œuvres de protection de la jeune fille.

Sur le fonctionnement de cette œuvre dans le Finistère, Mlle de la Sallière, secrétaire du comité diocésain de Quimper, donne d'intéressants détails. Le comité diocésain compte 14 membres. Il a réussi, grâce au concours de MM. les Recteurs et Curés, à trouver, dans la plupart des paroisses, des correspondantes qui s'occupent des partantes, les dirigent sur les comités locaux des paroisses où elles émigrent et continuent de les suivre pour les protéger.

Mme ARNOUS-RIVIÈRE montre les résultats obtenus par la section de Nantes et spécialement par les dames qui protègent les émigrantes dans les gares.

M. SÉVENO signale l'important service que rendrait chez nous, spécialement dans les gares d'Auray, Pontivy, Vannes, un comité qui comprendrait des dames sachant le breton.

Monseigneur prie les congressistes de réaliser au plus tôt le vœu émis par M. le Rapporteur et dont tout le monde reconnaît l'utilité pratique, en se faisant inscrire à la 5e section du Bureau diocésain comme correspondantes de l'œuvre.

Un autre moyen de retenir nos compatriotes serait d'améliorer la situation économique de la jeune fille à la campagne, par la création ou le développement d'industries rurales qui leur procurent un gain suffisant ou leur apportent un salaire d'appoint appréciable.

M. Thubé signale les bons résultats obtenus par l'ouvroir de l'Ile-aux-Moines, et rappelle que la lingerie et la dentelle à la main ont sauvé de la faim bien des familles de marins de certaines régions du Finistère.

Monseigneur appelle l'attention sur l'utilisation commerciale des produits du sol, et conseille aux personnes influentes habitant la campagne de s'occuper du moyen de développer le commerce de certains produits, et de mettre leur intelligence et leurs loisirs au service de leurs compatriotes, pour améliorer leur bien-être et les attacher ainsi au village.

Sa Grandeur, en terminant, recommande diverses œuvres : l'œuvre des retraites fermées, l'œuvre des revues circulantes, l'œuvre antialcoolique de la *Croix-Blanche*, l'œuvre du prêt-vues pour les conférences avec projections...

LES CONFÉRENCES POPULAIRES

M. le vicaire général Le Senne préside. M. le sénateur Riou assiste à la séance. M. le vicaire général présente M. le chanoine Desgranges, qui a bien voulu diriger la séance et nous initier à l'art, où il est passé maître, de la conférence populaire.

Une œuvre de conférences populaires a été organisée il y a trois ans à Vannes.

Cette œuvre est-elle utile, nécessaire ? Quels sont les moyens de la faire réussir ?

M. le chanoine Desgranges répond à ces deux questions en disant ce qui l'a amené à s'occuper des conférences populaires. C'est que nos adversaires ont employé la conférence avec succès. Toutes les conférences, publiques ou privées, avec ou sans projections, toutes sont bonnes suivant les lieux et les circonstances. Tantôt de grandes réunions, tantôt des réunions de quartier, tantôt des causeries,

Ce qui a frappé M. le chanoine DESGRANGES, c'est l'ingéniosité de nos adversaires à organiser leur propagande par la conférence. Beaucoup de jeunes gens dans les groupes socialistes ou libertaires, et qui n'ont qu'une instruction primaire, arrivent à exposer convenablement leurs idées. Que de jeunes gens de valeur nous avons parmi nous, qui pourraient, s'ils le voulaient, arriver à faire d'intéressantes conférences.

Nous avons déjà formé dans les milieux ouvriers de bons conférenciers. Il n'y a pas de charité intellectuelle plus nécessaire que d'apporter la bonne parole à des gens qui ont oublié le chemin de l'église, qui ont été nourris de préjugés et d'erreurs monstrueuses et qui sont par là complétement dévoyés. Donnons-nous la peine d'arracher ces hommes aux mauvais bergers.

La diffusion du journal baisse partout où manque la propagande par la parole. Les conversations, les causeries donnent souvent d'ailleurs de meilleurs résultats que la grande conférence. Il faut organiser par toute la France, et en particulier dans le Morbihan, des conférences populaires.

M. DESGRANGES donne de précieux détails pour l'organisation des conférences. Il est très important de préparer les esprits, il est très important de veiller avec soin à tous les détails matériels, qui tiennent un si grand rôle dans le succès de la réunion. Pour lui, il n'attribue que 25 % dans le dividende de succès à l'orateur, quelque grand que soit son talent ; 75 %, reviennent à l'organisation et à la préparation locale.

M. LE SENNE a remarqué qu'on préfère dans le Morbihan, la grande conférence ; la causerie devant un public restreint parait moins goûtée

M. DESGRANGES estime que pour réussir, il faut moins se préoccuper des succès de la réunion que d'atteindre tel ou tel quartier, telle ou telle catégorie d'individus.

Les questions sociales et morales sont celles qui

plaisent le mieux aux milieux ouvriers. Elles conduisent toujours à la question religieuse, qui est au fond ce qui nous préoccupe le plus en France.

D'ailleurs, on fait de l'apostolat avec son tempérament, par conséquent la conférence peut prendre les formes les plus diverses. Tout est utile pourvu qu'on dissipe les préjugés et qu'on sème les bonnes idées.

Le commandant de BOLLARDIÈRE demande s'il convient de donner une direction, un chef, aux conférenciers et de leur fournir un programme ?

M. le chanoine DESGRANGES répond qu'à Vannes il existe un comité de conférences populaires.

Il rappelle qu'à Limoges il avait formé une « école de conférenciers ».

À Auray, dit M. le chanoine MOISAN, un programme de conférences est dressé d'avance chaque année et le comité trouve des conférenciers.

M. le chanoine DESGRANGES pense que en dehors des programmes tracés d'avance, il est bon de faire des conférences d'actualité. La question scolaire pourrait donner lieu à une campagne de conférences. Les conférences d'actualité sont les plus vivantes.

Répondant à M. de Bollardière, M. l'abbé VAILLANT dit que le Secrétariat des Œuvres met une documentation complète à la disposition des conférenciers sur la plupart des sujets à traiter.

En ce moment, dit M. le chanoine DESGRANGES, il n'y a pas de fait plus capable de ramener les âmes à la foi, que le fait de Lourdes, à l'occasion du congrès eucharistique de Lourdes : il serait utile d'organiser des conférences sur Lourdes.

Nous avons dans le Morbihan d'admirables populations chrétiennes. Il faut tout faire pour empêcher qu'on nous les enlève.

Quatrième Journée

Dimanche 19 Octobre

I. *Séance d'études du matin.*

A 10 heures, la salle Saint-François est comble. Autour de Monseigneur Gouraud et de Monseigneur Pichon, coadjuteur de Port-au-Prince, on remarque les principales notabilités catholiques du département. Après avoir ouvert la séance et remercié Mgr Pichon de l'honneur que Sa Grandeur nous fait de présider la séance, Monseigneur donne la parole à M. Bodet, de Josselin, pour la lecture de son rapport sur l'*Union catholique*.

LA MENTALITÉ DE L'UNION CATHOLIQUE ET SES MÉTHODES DE FORMATION

Analyse du rapport de M. Bodet.

L'Union catholique a un corps et une âme. Son corps est constitué par ses cadres. Il n'en sera pas question aujourd'hui. On n'envisagera que son âme et les moyens de la former.

1. L'âme de l'Union catholique doit être *consciente*, c'est-à-dire doit avoir l'intelligence des principales questions et situations dans lesquelles la religion est en jeu. Cette intelligence, nos populations ne l'ont pas à un degré suffisant. Il faut qu'elles l'acquièrent. Il faut qu'elles sachent ce que veulent nos adversaires avec leurs grands mots de défense de la République, de l'école neutre, de l'esprit laïque, etc., et ce que valent nos adversaires combattant comme des pirates sans déployer leur drapeau ou, ce qui est pire, en déployant un drapeau qui n'est pas le leur. — L'âme de l'Union catholique doit être *généreuse, désintéressée* et *disciplinée*. Généreuse, c'est-à-dire prête à ne reculer devant aucune difficulté ; désintéressée, c'est-à-dire désireuse de travailler sans aucune arrière-pensée de profit personnel ; disciplinée, c'est-à-dire prête à accepter toutes les directions du Pape et des Évêques. (En passant, le rapporteur regrette qu'aux dernières élections départementales on n'ait pas essayé de donner un commencement d'exécution à l'initiative prise par le Bureau diocésain, de sou-

mettre à tous les candidats un programme minimum de revendications religieuses. Si on l'avait fait, le résultat des élections eût été peut-être différent de celui que nous connaissons).

II. Les moyens dont nous disposons pour donner ces principales qualités à l'âme de l'Union catholique sont de deux sortes, donnant lieu à deux méthodes qu'il faut employer concurremment et qu'on peut appeler l'une, la méthode directe, et l'autre la méthode indirecte.

a) La *méthode directe*, ainsi appelée parce qu'elle consiste à s'adresser directement à l'esprit pour l'éclairer et l'instruire, se fait par les *réunions*. Réunir souvent les Unions paroissiales, plus souvent encore les Comités paroissiaux, leur procurer des conférences faites par des hommes compétents qui ne manquent pas, y susciter des échanges d'observations, d'informations et d'explications, y faire des lectures et des causeries, indiquer aux catholiques qui en font partie, des sujets de lecture dans les livres, revues et journaux, initier les jeunes gens de nos patronages à ces études, apprendre à tous à connaître et à juger sainement la situation qui est faite aux catholiques aujourd'hui dans leur pays, tels sont les principaux moyens de cette méthode directe qui, s'ils étaient appliqués sérieusement et avec persévérance, ne tarderaient pas à créer au sein de nos populations une mentalité catholique, énergique, vigoureuse et militante.

b) La *méthode indirecte*, ainsi appelée parce que son action ne se produit que par voie de répercussion et de contrecoup, se fait par les *œuvres*, surtout par celles qui ont une portée économique ou sociale. Les bienfaits que le peuple en retire le rapproche de l'Église, font obtenir à celle-ci sa confiance et son amour.

C'est par cette méthode qu'on doit commencer dans les paroisses où le lien qui attachait le peuple à l'Église s'est rompu ou s'est sensiblement relâché. Dans les autres paroisses, elle doit être employée après la méthode directe ou concurremment avec elle.

Le Comité cantonal paraît tout particulièrement désigné pour être la cheville ouvrière de toutes les œuvres économiques et sociales susceptibles de rendre service à nos populations. Le champ qui s'ouvre à son initiative est vaste et en quelque sorte illimité. La seule recommandation à lui faire est de ne point se prêter à la fondation d'une œuvre qui n'aurait point un caractère nettement catholique. Point d'œuvre *neutre*, c'est le mot d'ordre de l'Église. Et ses prescriptions sont sages. Une œuvre neutre est une œuvre qui ne se défend pas, qui reste passive dans le milieu où elle vit et qui ne réagit pas contre les influences qu'elle subit et qui ont tout pouvoir de la déformer et de la dénaturer.

Monseigneur remercie le distingué rapporteur et rappelle que l'Union catholique est formée de l'ensemble des catholiques militants et que le comité est formé d'une élite : les entraîneurs.

M. le colonel d'Aboville insiste sur la formation de la *mentalité* catholique. Dans beaucoup de nos paroisses, tous les habitants sont des catholiques pratiquants, mais une partie seulement possède l'esprit catholique, l'autre obéit aux sectaires et a plutôt l'esprit maçonnique.

M. de l'Estourbeillon ajoute que nos adversaires ont dans chaque village des *délégués* qui sèment la mauvaise parole. Pour combattre leur action, il suffirait dans chaque paroisse d'un catholique éclairé et décidé à agir. Nous formerions ainsi un noyau d'hommes d'action qui arriveraient à avoir plus d'influence que les délégués de nos adversaires.

M. le Vte de Bellevue aimerait qu'on fit appel, non seulement à tous ceux qui peuvent et qui veulent défendre l'Église, mais à tous ceux qui déplorent qu'on la persécute et qui ne veulent pas prendre rang parmi les persécuteurs.

Monseigneur répond que l'Union catholique fait appel à tous ceux qui veulent prendre rang *contre* les persécuteurs. L'Union catholique servira à nous les faire connaître et à les encadrer.

M. Louët appelle l'attention sur l'utilité qu'il y aurait à augmenter le nombre des conférenciers et à leur donner la formation requise. Il y a autour de nous des hommes d'élite qui ne demandent pas mieux que de prêter leur concours.

M. Bodet estime que l'œuvre urgente à faire est la création et le bon fonctionnement des *Unions paroissiales*. Elles sont les muscles et la chair de l'Union catholique, Elles sont sa masse physique et sa force corporelle. Elles sont faciles à constituer chez nous. Les catholiques s'y trouveront à l'aise et se sentiront forts de se trouver nombreux à chaque réunion. Assurons leur 4 conférences annuelles suivies d'un échange d'idées. Ces réunions mettront en évidence les personnalités les plus énergiques, les plus fidèles, les plus déterminées. Celles-ci entreront dans le Comité paroissial. Elles s'y instruiront et s'y développeront. Elles seront d'autant plus disposées à agir qu'elles sentiront derrière elles la masse organisée des membres de l'Union paroissiale.

MONSEIGNEUR clôture la discussion en disant un mot du rôle *politique* de l'Union catholique. Celle-ci n'a pas de candidats, mais elle ne doit pas se désintéresser de la question électorale dans un pays où tous nos maux viennent des élections. Son rôle politique consiste à proposer des alliances et des pactes aux candidats catholiques de nuances politiques diverses et à soumettre à tous les candidats qui briguent un mandat politique un programme minimum de revendications religieuses.

M. LE SENNE, empêché par le manque de temps de lire le programme d'études préparé pour 1913-14 aux Comités paroissiaux et cantonaux, annonce qu'il leur sera envoyé postérieurement par les soins du Bureau diocésain.

Réunion de l'après-midi.

A 3 heures, la Halle aux Grains est bondée d'une foule que l'on peut évaluer à près de 4.000 assistants, accourus de tous les points du diocèse. La veste blanche ou les mille boutons des bas bretons de Pontivy voisinent avec la veste courte et le petit chapeau des paysans de la Haute-Bretagne.

Quand l'imposant cortège des prélats fait son entrée, les honneurs sont rendus par les Clissons, jeunes gymnastes catholiques ; les tambours battent et les clairons sonnent aux champs.

Sur l'estrade élégamment drapée de tentures prennent place Mgr Dubourg, archevêque de Rennes, Mgr Pichon, évêque titulaire de Cabasa, coadjuteur de Mgr Conan, archevêque de Port-au-Prince, Mgr Morelle, évêque de St-Brieuc, Mgr Duparc, évêque de Quimper et de Léon, Mgr Gouraud, évêque de Vannes ; autour d'eux se groupent : M. le duc de Rohan, député, MM. de Lamarzelle, le général de Kerdrel, Charles Riou, Jean Guilloteaux, sénateurs du Morbihan ; le marquis de l'Estourbeillon, Ernest Lamy, députés ; le comte du Boisbaudry, le prince de Léon, Mauduit, Javouray, de Guy, le vicomte A. de Pioger, conseillers généraux, etc.

Monseigneur Dubourg, archevêque de Rennes, ouvre la séance par la prière.

Puis, Monseigneur Gouraud, visiblement ému par le magnifique spectacle de cette foule énorme où règne l'ordre le plus parfait et qui a répondu à l'appel de son évêque, remercie les prélats qui l'entourent de l'honneur qu'ils lui ont fait en venant assister à cette réunion sur laquelle leur présence jette un incomparable éclat.

La masse profonde et disciplinée de la foule qui se presse à cette assemblée doit donner à nos adversaires et à nous-mêmes une idée de notre force.

Monseigneur remercie tous ceux qui ont contribué à l'organisation et au succès du Congrès qui s'achève par cette belle manifestation sans précédent, et il présente à l'immense auditoire, qui l'acclame, M. de Lamarzelle, ce vaillant, dit-il, qui est une des gloires de notre Morbihan, dont le talent, l'autorité, la charité, sera toujours au service de l'Église, non seulement à la tribune du Sénat, mais dans toute la France. Et la parole est donnée à l'éloquent sénateur du Morbihan.

M. de Lamarzelle salue tout d'abord les évêques qui représentent si dignement à Vannes, en ce moment, toute la Bretagne catholique, et en particulier Sa Grandeur Mgr Gouraud, que son zèle et son activité d'apôtre placent au premier rang de l'épiscopat français dans la lutte que les catholiques ont à soutenir contre des adversaires qui parlent parfois d'apaisement mais qui ne désarment jamais.

Entendez-les ! s'écrie M. de Lamarzelle. A Lorient, il y a quelques jours, M. de Monzie disait : « A nos débuts, nous avons fait appel à l'union nationale pour la sauvegarde du pays et les patriotes nous ont répondu, mais aujourd'hui cette besogne est terminée ! » Quel mot et quel aveu ! Mais il n'est que l'écho, en résumé, de celui de Ferry affirmant qu'il voulait faire une société sans Dieu, des cris de guerre de M. Buisson déclarant qu'il faut détruire la religion du Pape, de M. Steeg assurant qu'il faut écraser l'adversaire sous le talon et qu'on ira jusqu'au bout des lois de bataille, de M. Pelletan s'écriant : « La liberté, ça n'existe pas ! », de M. Barthou exaltant les lois de contrainte et de répression de M. Brard.

Et voilà comment cette doctrine de la défense laïque, substituée à celle de la défense nationale et traduite dans les faits, aboutit à ces expulsions de religieuses infirmes et malades, à ces cruautés qui privent les lépreux de Madagascar ou bien nos soldats au Maroc des secours religieux, des soins des héroïnes en cornette recherchées par les plus radicaux eux-mêmes, qui tiennent à être bien soignés.

Le verbe vengeur de l'orateur fait passer des frissons sur la salle qui vibre et qui retentit de cris de protestation indignée au récit de certains faits douloureux, aussi authentiques, hélas ! que suggestifs.

Comment les catholiques pourront-ils s'opposer aux adversaires qui veulent « les tuer », selon le mot de M. Malvy, et les vaincre ? En premier lieu par l'union.

L'union est la première condition de la victoire, la vaillance et l'espérance sont aussi nécessaires.

Voyez se relever déjà les ruines créées par la Séparation. Voyez le peuple, les ouvriers, voler au secours de leurs bienfaitrices, les petites sœurs hirondelles, les églises se multiplier et remplies quand même de fidèles, voyez les miracles accomplis par des savants catholiques comme Branly, dont l'invention de la télégraphie sans fil sauvait encore, il y a quelques jours, les 500 passagers du *Volturno* en flammes sur l'immensité de l'Atlantique.

« Soyons des semeurs de devoirs », s'écrie en terminant M. de Lamarzelle. L'auditoire l'acclame et, à deux reprises, enthousiasmé, emballé, lui fait une ovation.

Mgr GOURAUD remercie l'orateur en termes des plus délicats, des plus flatteurs, et M. l'abbé DESGRANGES prend la parole.

Il supplie les catholiques de prendre conscience de la valeur de la vérité de la doctrine catholique.

Dans une langue chaude, imagée, pittoresque, servie par un verbe puissant, il évoque la conversion d'un socialiste célèbre, Richard de Gralick, auquel l'architecture du parthénon avait ouvert des horizons sur l'art et que le sublime monument doctrinal du Credo catholique a tellement impressionné aussi, au point de vue intellectuel et moral, qu'il s'est converti.

Que veulent les catholiques ? Qu'ont-ils le droit et le devoir de vouloir.

Nous voulons que notre culte soit libre, que le père de famille puisse élever ses enfants selon sa conscience, que le budget fourni par tous les contribuables bénéficie à toutes les écoles, subventionne tous les établissements où l'on instruit, où l'on enseigne, où l'on forme d'honnêtes gens et de bons français. Ainsi le veulent la justice, l'égalité, la liberté.

Cette justice, cette égalité, cette liberté, il la réclame, il la revendique pour les congréganistes exilés, il la demande pour les pauvres, les parias sacrifiés; les malheureuses et innocentes victimes des lois maçonniques actuelles.

Et, dans une pathétique péroraison, il dit que la victoire certaine des catholiques sera un bienfait pour leurs adversaires eux mêmes.

Mgr Gouraud exprime à l'orateur ses remerciements et ses compliments, puis Sa Grandeur prononce une allocution dont voici le texte exact :

> Messeigneurs,
> Messieurs,

Laissez-moi résumer d'un mot les leçons et les impressions de ce Congrès. Ce mot sera : en avant pour l'Action !

On reproche très souvent à nos Congrès de ne pas assez sortir de la théorie : le reproche est exagéré, il ne tient qu'à vous, Messieurs, de montrer qu'il n'est pas fondé.

En avant, pour l'Action ! c'est-à-dire pour le bien à faire autour de nous, sur tous les terrains où nous appelle la charité. On n'a pas le droit d'être chrétien pour soi tout seul. Tout catholique se doit au service des faibles et des persécutés, au service de ceux qui souffrent. Tout catholique se doit au service de l'Église et de ses œuvres.

En avant, pour l'Action ! c'est-à-dire pour la défense et la revendication de nos droits de Catholiques ! La guerre à l'Église dure toujours. Le désir que nous aurions de la voir cesser nous porte parfois à croire à un certain apaisement. C'est la preuve que cette guerre n'a pas été déclarée par nous. N'ayons pas l'illusion de croire qu'elle va cesser. La guerre est nécessaire à ceux qui en vivent, et ils ne sont pas encore rassasiés.

Ne prenons pas pour la paix le silence qui suit la destruction de toutes choses ; c'est le silence des ruines, et les oiseaux de proie, y cherchent toujours quelque chose à dévorer.

Prenez garde, prêtez l'oreille aux rumeurs qui s'élèvent de toutes parts. Discours ministériels et autres sont suffisamment clairs : ils ne parlent que de libertés à restreindre ou à supprimer.

En avant, pour l'Action ! Messieurs, tant qu'il y aura des exilés et des spoliés, tant qu'il y aura des enfants élevés sans Dieu, tant qu'il y aura une jeunesse à sauvegarder et à former, tant qu'il y aura une mauvaise presse pour injurier ce que nous aimons et vénérons, tant qu'il y aura des travailleurs à défendre et à aider, tant qu'il y aura à restaurer quelque part le règne de la justice et de la vérité, c'est-à-dire le règne de Jésus-Christ.

Ne nous laissons pas effrayer, Messieurs, par les clameurs de nos ennemis. Ils essaieront demain de dénigrer notre œuvre, comme ils l'ont fait après tous nos Congrès, en nous accusant de faire de la politique. N'ayons peur ni du mot ni de la chose. Faire de la politique est le droit de tout citoyen français ; et certes ce n'est pas à ceux qui ont tant abusé de ce droit à nous reprocher d'en user.

Mais, Messieurs, ils le savent aussi bien que nous. Nous ne faisons ici que de la politique religieuse. Ce n'est pas nous qui avons créé ces deux mots, ni uni ces deux choses. Ce sont eux qui depuis plus de trente ans mêlent sans cesse les questions religieuses à la politique, à ce point que cette union est la seule chose qui les unisse eux-mêmes.

Politique religieuse et action catholique ! en avant, Messieurs, c'est notre devoir.

A cette époque de l'année liturgique, la Sainte Église fait lire à ses prêtres le récit merveilleux des luttes que soutenait Judas Macchabée pour la défense de la patrie. Dans un commentaire magnifique de cette histoire, saint Jean Chrysostome remarque que les soldats de Judas Macchabée n'avaient pas d'autre armure que la nécessité de combattre, la force de leurs convictions leur suffisait. Qu'il en soit ainsi de nous, Messieurs. Nous ne faisons que nous défendre. Cette cause suffit à nous protéger et elle nous fera triompher.

Mais vous ne contribuerez efficacement, Messieurs, à l'action catholique, qu'en vous unissant et en vous organisant.

Nos congrès cantonaux font cette union et cette organisation avec un succès que je suis heureux de proclamer. Notre congrès diocésain en est la manifestation.

Il m'est revenu cependant que certains de nos amis hésitent à nous suivre, trouvant, à l'encontre de nos adversaires, que dans notre organisation catholique nous ne faisons pas assez de politique.

Sur ce point, Messieurs, je vous dois une explication très nette. Jamais notre Union Catholique n'a eu la prétention de se substituer aux partis politiques, jamais elle n'a songé à empêcher une action politique légitime. Un pays comme la France n'a pas que des intérêts religieux à sauvegarder, il a aussi des intérêts d'ordre temporel, nécessaires pour garantir les intérêts religieux eux-mêmes. La fin immédiate des sociétés civiles est de procurer le bien-être temporel des peuples, dans la juste subordination que réclame la primauté de leurs intérêts spirituels. L'ambition de l'Église se borne à aider les États dans la conquête de ce bien-être temporel, mais nullement à les supplanter.

Dans un pays comme le nôtre, où les destinées de la nation sont toujours en discussion ; dans un pays de suffrage universel, l'action politique est légitime parce qu'elle est nécessaire. Nous n'hésitons pas à le dire.

Mais nous ajoutons que, dans un pays comme le nôtre, où les divisions politiques ont fait trop souvent le jeu de nos adversaires ; dans un temps où ces divisions pourraient accroître leur audace et nous mener aux pires catastrophes, l'Église vous demande, Messieurs, en raison des intérêts sacrés et primordiaux dont elle a la garde, et qui sont les vôtres, l'Église vous demande d'oublier, à certains jours, vos divisons politiques, pour ne pas affaiblir, aux heures du combat, les forces catholiques.

L'Église catholique vous demande, par conséquent, à certains jours, de subordonner votre action politique à son action catholique, en vue d'un bien immédiat et plus nécessaire.

Elle vous demande aussi de vous unir les uns aux autres, dans des alliances qui ne vous feront rien sacrifier de vos efforts et de vos convictions, mais qui vous permettront de combattre ensemble, pour une Cause qui vous est commune, pour une Cause qui est au dessus de tous les partis, pour la Cause de Dieu.

Qui dit alliance, Messieurs, ne dit pas absorption, mais simplement mise en commun des efforts et des ressources dont chacun peut disposer, en vue du but à atteindre.

C'est dans ce sens que le Souverain Pontife a si souvent appelé les catholiques de France à l'union, sous l'unique étendard de Jésus-Christ : *Uniantur sub unico vexillo Christi.*

Je n'hésite pas à reconnaître qu'il y eut un temps peu éloigné de nous où le Souverain Pontife crut pouvoir demander davantage aux catholiques de France. L'histoire dira à quelles conditions le sacrifice demandé pouvait être le salut. Elle dira et elle dit dès maintenant que l'union tentée alors n'a pas abouti. Je n'ai pas à en rechercher les causes.

Mais c'est parce que cet effort n'a pas réussi que le Saint-Siège demande maintenant aux catholiques de s'unir sur le terrain religieux, derrière leurs évêques, quelles que soient leurs opinions et leurs préférences politiques, et sans être obligés de les sacrifier.

Cette union n'est impossible à aucun catholique.

C'est sur ce mot d'ordre du Pape que nous avons créé nos organisations catholiques ; c'est sur ce mot d'ordre que nous vous demandons d'y entrer, pour vous grouper et pour agir. Vous serez ainsi le parti de Dieu.

Ce parti n'est pas opposé aux autres. Il est au-dessus d'eux tous. Il est au-dessus de leurs discussions.

De même que la Croix domine vos champs et vos maisons, aux carrefours de vos chemins, de même le parti de Dieu domine les autres partis ; de même que la Croix étend ses bras sur tous comme pour les embrasser, de même le parti de Dieu n'a qu'une ambition : réunir dans un même cœur et dans une même volonté tous les catholiques de France qui veulent sauver la foi de leur pays.

Permettez-moi, Messeigneurs, en votre nom et au mien, de dire que le parti de Dieu existe dans tous nos diocèses de Bretagne. Dieu veuille le fortifier et l'étendre encore !

Je vous demande, Messeigneurs, de nous aider à réaliser ce vœu en donnant à cette assemblée la bénédiction qui fait les vrais soldats de Jésus-Christ.

Les applaudissements, qui avaient éclaté à de nombreuses reprises au cours de cette allocution, redoublent alors et Mⁱʳ Dubourg, archevêque de Rennes, dit le dernier mot — un mot sorti du cœur — avant la bénédiction épiscopale.

Il loue le talent, le dévouement inlassable de M. de Lamarzelle, dont non seulement le Morbihan, mais toute la Bretagne est fière, la flamme qui anime M. Desgranges, virtuose populaire, les sénateurs, les députés, les élus catholiques, assis à ses côtés, et il félicite Mⁱʳ Gouraud d'avoir réalisé l'organisation diocésaine, le chef-d'œuvre dont il a tracé le schéma dans le beau et bon livre qu'il a écrit pour l'Action catholique.

Dans une réunion comme celle-ci, O'Connel demandait un jour aux Irlandais : aimez-vous votre pays, vos tombes, vos berceaux ?

Et moi je vous demande : aimez-vous Dieu ? aimez-vous la Bretagne ? aimez-vous la France ? Vos lèvres et vos cœurs me répondent. Ce qu'ils disent résumons-le en répétant la devise que Monseigneur de Quimper a choisie et traduite dans notre belle langue bretonne : *Meulet ra vezo Jesus-Krist !* Loué soit Jésus-Christ.

Ces paroles sont couvertes de bravos. Les fronts s'inclinent sous la bénédiction épiscopale et la foule se rend à la Cathédrale, où un salut et un enthousiaste *Te Deum* ont clos le Congrès et cette journée si réussie.

Résolutions et vœux du Congrès

I. *Union catholique.*

1º Se hâter de créer partout des Unions paroissiales composées de tous les catholiques qui veulent s'unir pour défendre l'Église et travailler aux œuvres catholiques, et leur assurer trois ou quatre conférences annuelles suivies d'un échange d'idées.

2º Préparation par le Bureau diocésain d'un programme minimum de Revendications religieuses qui sera donné, au moment des prochaines élections législatives, à tous les candidats.

II. *L'Enseignement libre.*

1º Exiger de toutes les familles qui peuvent participer aux frais de l'école une *Rétribution* proportionnée à leurs ressources. Organiser des secours charitables pour l'entretien des enfants pauvres.

2º Inviter toutes les autorités sociales à faire comprendre aux familles le grave devoir qu'elles ont d'assurer à leurs enfants l'assiduité à l'école. — Rappeler aux maîtres que leur action, en cette matière, sera la plus efficace par l'intérêt et le caractère d'utilité pratique qu'ils sauront donner à leur enseignement, ainsi que par la participation qu'ils feront prendre aux familles à la marche de l'école.

3º Appel au clergé, aux maîtres et maîtresses, et aux familles riches du diocèse, pour travailler au recrutement ou à la formation du personnel enseignant.

4º Création de cours d'adultes, là où les intérêts de la population le demandent.

5º Création d'Amicales d'Anciens élèves de l'école libre et leur affiliation à l'Union régionaliste des Amicales de l'Ouest.

III. *Le Denier du Culte.*

1º Faire pénétrer de plus en plus cette idée que l'Œuvre du Denier du culte est une œuvre diocésaine destinée à aider l'Évêque dans l'obligation qu'il a d'assurer une honnête subsistance à tous ses prêtres en exercice, d'entretenir les séminaires et de secourir les prêtres âgés et infirmes ; que c'est une obligation de conscience pour tous les fidèles de contribuer à cette œuvre. Ce devoir a toujours existé dans l'Église, mais les circonstances actuelles le rendent plus urgent.

2° Tous ont le devoir de contribuer, selon leurs moyens, à fournir la somme demandée à chaque paroisse, soit par un don personnel, soit par une offrande faite au nom de la famille. Les familles les plus favorisées des biens de la fortune doivent compléter l'offrande des autres et suppléer à l'impuissance des pauvres, d'après leurs revenus ou leurs affaires, en donnant leur part proportionnelle à la paroisse, et en versant le surplus à l'Évêché.

IV. *Les Confréries du Sacré-Cœur et du Saint-Sacrement.*

1° Pour développer la piété chez les hommes, les enrôler dans des Confréries du Sacré-Cœur et du Saint-Sacrement. Là où les Confréries acceptent les deux sexes, réunions à part pour les hommes.

2° Pour augmenter dans le diocèse la dévotion à l'Eucharistie, organiser des prédications eucharistiques suivant un plan conçu d'avance et, si possible, par le moyen de prêtres chargés spécialement de ce ministère aux Triduums d'adoration et aux Congrès eucharistiques.

V. *La question syndicale.*

Urgence de former, dans le diocèse, des Syndicats nettement catholiques pour la plupart des catégories d'employés et d'ouvriers. — Nécessité d'une première préparation spéciale pour les futurs dirigeants de ces Syndicats. — Utilité de faire cette préparation dans les patronages.

VI. *L'Émigration féminine.*

Création, à Vannes, d'un Comité diocésain de l'Œuvre de la Protection de la Jeune Fille qui aura dans toutes les paroisses des correspondantes chargées d'employer tous les moyens utiles pour prévenir l'émigration et pour corriger ses mauvais effets.

VII. *Les Conférences populaires.*

Que les Conférences, sous toutes les formes, y compris celle de la causerie, se donnent dans toutes les paroisses du diocèse.

Vannes. — Imp. Galles.